L_n^{27} 19165.

ÉLOGE

DE

Mme DE STAËL - HOLSTEIN

FILLE DE M. NECKER

PROPOSÉ PAR L'ACADÉMIE FRANÇAISE

POUR L'ANNÉE 1850

PAR

M. DUCHESNE

DE GRENOBLE, ANCIEN DÉPUTÉ.

> « Mme de Staël a été la seule
> « femme auteur qui, par la nature
> « de son talent, ait fait illusion
> « sur son sexe. »
>
> RIVAROL.

GRENOBLE

IMP. DE J.-L. BARNEL, RUE DERRIÈRE-SAINT-ANDRÉ.

—

1850

ÉLOGE

DE

Mme DE STAËL-HOLSTEIN.

« Mme de Staël a été la seule
« femme auteur qui, par la nature
« de son talent, ait fait illusion
« sur son sexe. »
                RIVAROL.

Mme de Sévigné ne pouvait pas être la seule femme admise aux honneurs d'un éloge académique ; après elle, plusieurs autres avaient droit d'y prétendre, et Mme de Staël-Holstein la première.

Mme de Sévigné, dans sa perfection incontestée, ne nous a cependant appris que deux choses : l'art de bien écrire, de bien narrer, et les délicatesses, les coquetteries de l'affection maternelle ; ses *Lettres* sont *inimitables* ; elle y a tout entrevu ou deviné, tout expliqué ou éclairci, jusqu'à la grâce efficace et au libre-arbitre, et elle a même été peintre de batailles ; mais elle ne s'est révélée qu'à sa fille et à ses amis ; elle a été connue, admirée presque malgré elle. On l'a dit, et avec vérité : *La gloire est venue elle-même la chercher* (1).

Mme de Staël, courant, elle, après la renommée, l'a poursuivie dans la politique, la philosophie, les lettres, le roman ; et ce qui pouvait manquer encore à sa célébrité comme écrivain, elle l'a demandé à l'*esprit de conversation !* C'est dans les salons surtout qu'elle, aussi, a régné et régné sans partage ; qu'elle a tout éclipsé par la profondeur de ses pensées, la finesse de ses aperçus, le piquant de ses réparties, le prestige de sa facile élocution ; c'est par la parole que, séduisante Armide, elle a exercé, sur les deux camps des Croisés et des Musulmans, une fascination sans exemple, attirant à elle l'Emigration, la République, le Consulat et l'Empire, enlaçant la France et l'Etranger, le savant et l'homme de lettres, le guerrier et le diplomate, le prince, le ministre, le législateur ; entraînant tout, subjuguant tout ! tout, hors un seul homme, le plus grand de cette époque il est vrai, et dont le souvenir se trouvera mêlé forcément à cet éloge.

Pour bien comprendre Mme de Staël dans sa double vie, il faut faire un retour sur les temps qu'elle a traversés ; rechercher ce que la nature avait fait pour

---

(1) Expressions de l'*Eloge de Mme de Sévigné*, par Mme Tastu, que l'Académie a couronné en 1840.

elle et quelle éducation elle a reçue ; connaître, enfin, les hommes dont elle a été entourée depuis l'enfance jusqu'à l'âge mûr. Alors, tout en elle s'expliquera : les éclairs, les rares écarts, l'élévation, les légères négligences de son talent ; l'ascendant, la puissance magnétique, la domination de son entretien.

Née en 1766, fille de M. Necker, douée d'une intelligence précoce que l'instruction avait merveilleusement développée, elle a pu suivre et observer toutes les phases du règne de Louis XVI, dont son père avait été trois fois un des principaux ministres ; mariée en 1786 à M. de Staël-Holstein, ambassadeur de Suède en France, elle a été présentée à la cour, a pu l'observer, l'étudier ; elle a vu naître la Révolution de 1789 et proclamer la République ; elle a frissonné sous la Terreur, espéré sous le Directoire, murmuré sous le Consulat ; elle s'est indignée de l'Empire, qu'elle a été obligée de fuir ; elle a cru un instant que la Restauration pourrait réaliser son rêve chéri : l'alliance de la monarchie et de la vraie liberté ; elle est morte en 1817, après les Cent-Jours, quand ce rêve allait s'évanouir (1) !

Or, que de périodes diverses et graves, sous l'influence, sous la pression desquelles un esprit tel que le

---

(1) La sage ordonnance du 5 septembre 1816 avait bien rendu quelque calme aux esprits et affaibli le danger des réactions ; mais les ministères Dessoles et Decazes ne tardèrent pas à être remplacés par ceux de MM. de Richelieu et de Villèle.

sien a dû recevoir sa direction politique et morale, se fortifier et grandir, parfois s'égarer, pencher vers une opposition systématique, se surprendre à soulever des questions presque téméraires !

Louis XV meurt en 1774, laissant un trône ébranlé par le scandale de sa vie privée, par un dérèglement de mœurs presque général, par la lutte des parlements contre les Jésuites et contre la Cour, par celle des favorites contre les ministres ; et, plus encore, par les progrès toujours croissants de cet esprit de philosophie et de discussion qui, quelquefois fleuve bienfaisant, inonde et fertilise, qui, souvent aussi torrent dévastateur, entraîne et déracine tout !

Louis XVI monte sur ce trône en tremblant, comme si l'ombre de Charles Ier lui était déjà apparue ! Il y monte, animé des meilleures intentions, mais faible, indécis, ne sachant à qui donner, à qui refuser sa confiance ; allant de Maupeou à Maurepas, Turgot, Malesherbes et M. Necker ; de ceux-ci à MM. de Calonne et de Brienne, pour revenir à M. Necker ; cherchant vainement le remède à un mal profond et peut-être irréparable ! Car ce mal, il faut bien le dire, était moins dans un déficit financier que M. Necker et Turgot cherchaient et seraient parvenus à combler, que dans cette opinion généralement répandue et vraie, à beaucoup d'égards : *nécessité d'une réforme politique !*

Réforme religieuse, réforme politique sont sœurs : si l'une a soulevé toute l'Europe et en a envahi la moitié quand l'esprit de philosophie et de discussion sortait à peine de ses langes, sous l'empire de ce même esprit, parvenu à ses dernières limites, qui a pénétré jusqu'à la moëlle de la société, une réforme politique demandée est comme obtenue ou conquise.

N'espérez même pas, roi, ministres et parlements, que vous pourrez lui imposer une barrière et lui défendre d'aller au delà de ce que le vœu public a d'abord réclamé ! Dieu seul peut dire à l'Océan courroucé : *Tu n'iras pas plus loin !* Rien à opposer au flot populaire, qui crie : *Réforme., Liberté!* qui est entré dans la voie de l'examen ; qui a compris l'inflexibilité du droit, et qui n'a pas l'expérience ou la mémoire des faits ; qui n'a pas lu, ou qui a lu et oublié ; qui a sondé l'écueil, mais qui, nautonnier imprudent, veut le franchir et non l'éviter !

Luther n'a prêché d'abord que contre l'abus des indulgences ; et d'arguments en arguments, de contradictions en contradictions, il arrive à un schisme déclaré, éclatant ! Dans l'intervalle du premier au second ministère de M. Necker, on n'a demandé à Louis XVI que les Etats généraux, le doublement de la représentation du tiers-Etat et le vote par tête, au lieu du vote par ordres : cédant aux conseils de M. Necker, il les accorde ; il fait plus, il consent à l'égalité proportionnelle de l'impôt, à l'abolition de toute espèce de priviléges ; et, le 10 août 1789, on décrète qu'il est le *restaurateur de la liberté française !* Trois ans après, le même jour 10 août 1792, son trône s'écroule avec fracas....! La République lui succède !

Mme de Staël, jeune, ardente, passionnée pour les premiers principes de la Révolution, mais généreuse et éclairée, assiste tantôt avec enthousiasme, tantôt avec une juste anxiété, à ce grand et instructif spectacle ! Plus tard, elle consacrera la meilleure partie d'un de ses ouvrages les plus importants à l'histoire d'une époque aussi mémorable ; mais, dès 1792, elle prend la plume pour proclamer que toutes les majorités veulent l'alliance de *l'ordre* et de *la liberté*.

Née au milieu des orages, obligée de lutter contre l'étranger, déchirée par la guerre civile, une république qui, pour se faire aimer et s'affermir, aurait dû être modérée, devient violente et cruelle. Mme de Staël, effrayée, la fuit, le lendemain de l'affreux 2 septembre, après être parvenue, à force de courage et d'adresse, à faire ouvrir les portes de la prison et à sauver les jours de MM. de Lally-Tolendal et Jaucourt (1) ! Un an après, de son asile de Coppet, elle publie de touchantes réflexions sur le procès de la reine, et s'incline devant l'échafaud de Louis XVI, en faveur duquel elle et ses amis avaient, avant le 10 août, concerté un plan d'évasion qui ne fut pas, qui ne pouvait pas être accepté (2).

(1) Ce fut par ses démarches auprès de Condorcet, Manuel et Tallien, que, le jour même du 2 septembre, Mme de Staël parvint à sauver ces deux nobles victimes ; et Tallien l'escorta ensuite elle-même jusqu'au delà des barrières de Paris. Tant il est vrai que, chez quelques personnes, l'exagération politique s'est alliée, même pendant la Terreur, à beaucoup d'actes d'humanité !

(2) On trouve dans l'ouvrage de M. Bertrand de Molleville et dans la *Biographie* des frères Michaud, à l'article

Elle cesse enfin, cette Terreur qui a ensanglanté la France. Une constitution acceptée par le peuple établit deux Conseils et un Directoire ; nous avons toutes les apparences de la liberté, la division et la pondération des pouvoirs. Nous voilà presque aux Etats-Unis ! N'est-ce pas, à peu de chose près, le gouvernement anglais ? Ce gouvernement, d'ailleurs, est-il possible pour la France, qui n'a plus ni roi, ni noblesse ? Pourquoi ne pas faire au moins un essai de la République, et ne pas le faire de bonne foi ? Pourquoi ne pas chercher, enfin, à mettre un terme à une guerre désastreuse pour toute l'Europe ?

Mme de Staël, pénétrée de ces idées, cherche à les propager par deux écrits, l'un sur la paix *intérieure*, l'autre sur la paix *extérieure* (1) ; et, en haine de la

---

de Mme de Staël, tous les détails de ce plan d'évasion, qui indique bien l'opinion royaliste-constitutionnelle que celle-ci professait alors.

(1) Ce fut sans doute pour expliquer son changement apparent de foi politique qu'elle écrivit, dans ses *Réflexions sur la paix intérieure* : « Ceux qui se font honneur de « rester fidèles à la même idée sont presque toujours des « esprits bornés ; *comment s'engager à faire constam-* « *ment la même manœuvre, quel que soit le vent ?* »
En effet, la science de la politique la plus vraie, la plus pratique, ne consiste-t-elle pas, avant tout, à agir suivant les circonstances, à composer même avec les principes, à modifier ses convictions les plus arrêtées ? Ces transactions sur la forme du gouvernement sont même de la sagesse ; autrement, les révolutions, les guerres civiles n'auraient pour dernier terme que la lassitude et l'épuisement.

Terreur, pour prévenir le retour de l'ancien régime, dans la prescience du Consulat et de l'Empire, elle se constitue le champion de la constitution de l'an 3; condamne, mais pardonne le 18 fructidor; s'attache, avec Benjamin Constant, à la fortune des cinq directeurs; leur présente et leur fait accepter M. de Talleyrand comme ministre des affaires étrangères (1).

Elle s'était persuadée que la République, triomphante sur le Rhin, conquérante en Italie, pourrait enfin se consolider. Vaine espérance! Le 18 brumaire a soufflé sur ce gouvernement bien pondéré, bien sagement constitué en apparence, mais auquel il manquait la vitalité, qui déjà s'affaissait sur lui-même et tournait à l'anarchie. Un coup d'Etat s'est accompli: des consuls ont remplacé le Directoire.

Un coup d'Etat, et un coup d'Etat dont le but véritable est au moins une énigme! Quel sujet d'étonnement et d'inquiétudes (2) pour des consciences répu-

---

(1) Elle dit, dans ses *Considérations sur la Révolution française* : « Je le servis efficacement à cet égard (M. de « Talleyrand), en le faisant présenter à Barras par un de « mes amis et en le recommandant avec force. Sa nomi- « nation est la seule part que j'ai eue dans la crise qui a « précédé le 18 fructidor. »

Mais ce seul fait indique qu'elle s'était identifiée avec la politique du Directoire. Sa conduite sous le Consulat, ses rapports avec Bernadotte et Moreau, peu affectionnés à l'Empire, achèvent, au reste, de le prouver.

(2) Mme de Staël a prévu, dès le principe, que ce coup d'Etat d'un conquérant était dangereux pour la République. En l'an 8, peu de temps après le 18 brumaire, dans

blicaines, et qui avaient cru à la durée du gouvernement déchu !

Cependant, une constitution où tous les droits populaires semblaient garantis succède à un pacte déjà vermoulu. L'immense majorité des Français, beaucoup d'amis politiques de Mme de Staël s'y sont ralliés; de grandes victoires, une paix glorieuse, cette paix qu'elle avait appelée de tous ses vœux, sont venues cimenter l'alliance d'un grand homme avec un grand peuple. A côté d'un Corps législatif, *muet* il est vrai, cent tribuns et autant de sénateurs sont les sentinelles avancées du pays, veillent sur nos libertés ; leurs plus vieux amis siégent au Tribunat, au Sénat, au Corps législatif, occupent toutes les avenues du pouvoir. Ces libertés ne sont peut-être pas en danger ! Observons et attendons, disent Mme de Staël et ses amis.

Mais, deux ans à peine se sont écoulés, le Tribunat se voit frappé au cœur par une élimination qui atteint Benjamin Constant et toute cette nuance d'opinion ; le Sénat comprime la presse et met de terribles restrictions à la liberté individuelle ! On propose le Consulat à vie, puis l'Empire : la France accepte, et reçoit en échange une immense gloire !

Que fera Mme de Staël, qui nous voit condamnés à passer *sous les fourches caudines* d'un gouvernement

---

son ouvrage sur *la Littérature considérée dans ses rapports avec les institutions sociales*, elle disait : « L'enthousiasme produit par la gloire des armes est le seul qui puisse devenir fatal à la liberté. » Il faut le reconnaître, elle avait deviné notre avenir politique.

militaire? A l'avénement du Consulat, elle avait exprimé, dans un de ses ouvrages, la crainte *que la liberté et l'égalité ne nous fussent bientôt ravies!* Voilà ses appréhensions vérifiées. La police de l'Empire veille; la censure est là, prête à corriger avec ses ciseaux une de ses œuvres, une œuvre purement littéraire, *l'Allemagne.* Elle se taira, il le faut; mais ses salons seront impitoyables, et son silence même parlera! Dans *Corinne,* en parcourant, en décrivant toute l'Italie, elle ne saluera aucun des nombreux trophées d'un illustre conquérant! Dans son *Allemagne,* à Iéna, ce théâtre d'un de nos plus beaux triomphes, elle ne verra qu'une Université! Celle qui a le cœur si français, que toutes les gloires ont fait si souvent palpiter, affectera (elle en convient dans ses *Dix ans d'exil*) de ne pas comprendre la plus éclatante, la plus populaire de toutes! Enfin, elle l'a dit encore : « On sortira toujours de chez elle moins attaché à « l'Empire que lorsqu'on y est entré (1) ! » Plutôt cependant que de l'en punir par la mutilation de ses œuvres et par un double exil, n'aurait-on pas dû songer à Marc-Aurèle (2)?

(1) Cette anecdote, et toutes celles qu'on a citées plus loin, sont extraites soit de ses *Dix ans d'exil,* soit de ses *Considérations sur la Révolution française,* soit d'une Notice de Mme Necker de Saussure sur la vie de Mme de Staël, qui a dû puiser à des sources sûres. Nous croyons donc n'avoir rien hasardé.

(2) Il faut être juste envers le pouvoir d'alors, et on doit consigner ici un aveu de Mme de Staël. Dans ses *Dix ans*

Cet Empire, qu'elle croyait usurpé et tyrannique, tombe accablé par l'étranger ! Elle avait été condamnée à quitter Paris, puis la France ; elle y rentre dévouée, comme en 1789, au culte de la monarchie constitutionnelle, d'une liberté que le nouveau règne promettait, sans pouvoir, sans vouloir peut-être la donner! La Restauration, qu'elle avait applaudie, l'effraie après les Cent-Jours, malgré la sage et heureuse ordonnance du 5 septembre 1816. Elle reprend la plume pour la dernière fois, et démontre (1) que le Français est toujours le Gaulois du temps de César, *impatiens servitutis!*

Telle a été la vie publique, essentielle de Mme de Staël. L'amour ardent d'une liberté sage l'a inspirée dans tous ses ouvrages, et l'a peut-être rendue injuste envers une haute renommée ; l'a abreuvée de contrariétés, d'amertumes ; l'a promenée de Paris à Coppet, à Vienne, à Saint-Pétersbourg, dans toute l'Europe. Et on peut se demander si, au terme de sa carrière, elle n'a pas eu quelques scrupules sur ses antipathies politiques ; si, au souvenir de ces Barmécides longtemps si heureux et envers qui on fut si cruel ; si, en présence d'une gloire sans exemple et d'une infortune inouïe, en se rappelant tant de victoires ac-

---

d'exil, en parlant des démarches que son père avait faites auprès du premier consul pour faire cesser son premier exil, elle avoue « qu'il réclamait l'oubli des imprudences « qu'une fille jeune encore avait pu commettre ! »

(1) Dans ses *Considérations sur la Révolution française.*

cumulées, puis Waterloo, puis Sainte-Hélène, elle n'a point dit, au moins une fois, dans sa généreuse pitié : *J'ai peut-être été trop vengée....?* Mais qu'on ne s'étonne pas de voir une femme, et une femme française, ainsi jetée dans la mêlée des partis! Cette femme, par sa nature, son éducation, sa société de l'enfance et de l'âge mûr, devait être à tous égards une femme exceptionnelle, alliant le courage, peut-être même la témérité, à toutes les qualités, à toutes les faiblesses de son sexe! Celle qui a dit à Benjamin Constant, hésitant, à cause d'elle, à prononcer un discours d'opposition : *Ne vous occupez pas de moi, ne songez qu'à vos convictions!* Celle à qui on faisait offrir, comme condition d'un traité de paix ou comme gage de son silence, la restitution d'une somme de deux millions, et qui a répondu : *Il ne s'agit pas de ce qui m'est dû, mais de ce que je pense!* Celle qui, au 10 août, pour sauver M. de Narbonne, caché chez elle, pouvait sourire, a-t-elle dit, aux *bonnets rouges* qui visitaient sa maison ; celle-là, au temps de la Fronde, pour obéir à sa conscience politique, précédée d'un Coadjuteur, suivie d'un Larochefoucauld, aurait osé, comme Mademoiselle, comme la duchesse de Longueville, haranguer une armée, ceindre l'épée et faire tirer le canon de la Bastille! Reine de Palmyre, plutôt que de se rendre elle aurait préféré suivre, en esclave, le char triomphal d'Aurélien!

Mme de Staël avait reçu de la nature les plus beaux dons : l'intelligence, la mémoire, l'imagination, la sensibilité, le besoin, la soif du savoir. Ces rares et heureuses qualités avaient été cultivées avec une grande vigilance, peut-être même avec un peu de sévérité, par Mme Necker, femme distinguée, mais protestante austère, et presque inquiète des talents précoces de sa fille; avec orgueil et complaisance par M. Necker, qui, banquier habile, fut aussi, chose alors fort rare, sage publiciste, homme religieux, écrivain distingué; qui, mieux que personne, pouvait deviner sa fille et la diriger. Or, quelle influence n'ont pas dû exercer sur l'éducation de Mme de Staël les soins réunis de pareils guides, ceux de son père surtout, qui, malgré ses occupations financières ou politiques, chaque jour excitait l'émulation, provoquait, encourageait les vives saillies, et était ainsi l'aiguille aimantée de cette enfant, appelée à devenir un prodige par l'instruction, une magicienne par la parole !

Aussi, pendant que ses délassements les plus doux étaient la musique, le théâtre, la lecture, elle étudiait, apprenait tout, même les langues mortes; elle n'aurait pas pu dire, comme l'Henriette des *Femmes savantes : Excusez-moi, je ne sais pas le grec!* et après avoir joué à la tragédie à l'âge où l'on joue encore *à la poupée* (1), à quinze ans elle discutait le *Compte-rendu* de son père, analysait l'*Esprit des Lois;* et l'abbé Raynal lui demandait, pour son *Histoire philosophique des deux Indes*, un chapitre sur la fatale révocation de l'édit de Nantes. Fille d'un Genevois, elle dévorait Jean-Jacques pour chercher une Corinne dans *la*

(1) Expressions de la Notice de Mme Necker de Saussure.

Nouvelle Héloïse, pour se pénétrer de *l'Emile,* pour s'étonner du *Contrat social* et des *Lettres de la Montagne.* Enfin, après avoir composé tragédie et comédie, à vingt-deux ans elle publiait ses *Lettres sur Rousseau,* première et heureuse esquisse de son talent de recherche et d'observation (1).

Comment, en effet, n'aurait-elle pas été précoce et presque universelle ; comment n'aurait-elle pas eu la passion de la liberté, cette jeune fille qui, élevée par M. et Mme Necker, a été, dès son bas âge, en contact habituel, journalier, avec une foule d'hommes célèbres et de philosophes du 18me siècle ; qui a été choyée, fêtée, presque instruite par eux ? Avez-vous remarqué, dans un des coins du salon de Mme Necker, ce petit tabouret où vient se placer une enfant de dix à douze ans, aux cheveux noirs, au regard magnifique et déjà pénétrant, au geste presque passionné, que sa mère gourmande un peu, mais à qui son père sourit, qui

(2) On ne sera pas étonné de voir Mlle Necker, devenue Mme de Staël, avoir des négligences, des distractions de toilette incroyables, même les jours où elle était présentée à la cour, et être la première à en plaisanter (*). Dès sa tendre jeunesse, toutes ses pensées ont été graves, et ce n'est jamais par sa toilette qu'elle a cherché à plaire.

On a dit d'elle deux choses qui la caractérisent :
« Qu'elle avait toujours été jeune, et qu'elle n'avait jamais
« été enfant ; que son attrait était irrésistible, et qu'on
« découvrait en elle des charmes supérieurs à la beauté. »

(*) Madame Necker de Saussure donne sur cela des détails curieux, mais qui ne pouvaient trouver place ici.

prête l'oreille et qui écoute si bien, qu'on attaque souvent et qui a la réplique si vive? Ceux qu'elle écoute, c'est Gibbon (3), l'abbé Raynal, Marmontel, Grimm, Laharpe, Thomas et vingt autres, agitant devant elle toutes les questions de littérature, de philosophie et de politique à l'ordre du jour! Ceux qui s'approchent de son tabouret pour lui presser la main, la questionner, en obtenir une piquante saillie, ont décrit la chute des empires et les fautes des rois absolus; ont poussé aux révolutions, pour les déplorer plus tard; ont fait Bélisaire philosophe; ont mené de front le Roman et la Tragédie; ont montré un grand esprit de critique et d'observation; ont été des aristarques sévères et judicieux; ont loué Sully, d'Aguesseau, et flétri Commode! et tous viennent lui donner un encouragement ou un conseil!

Et quand l'âge aura mûri tant d'utiles enseignements, elle pourra aller admirer, tout en la redoutant pour son père, la fougue entraînante de Mirabeau;

(3) Rappelons ici un *enfantillage* de Mme de Staël qui la peint telle qu'elle a été toute sa vie, idolâtre de son père! Gibbon était un des hommes auxquels M. Necker témoignait le plus d'attachement. A force de l'entendre louer par son père, Mme de Staël, alors âgée de dix à douze ans, se persuade que pour lui assurer à jamais la société de Gibbon elle doit se résigner à l'épouser; elle oublie qu'il est fort laid et fort âgé; très sérieusement elle le demande en mariage à M. Necker, qui ne ne crut pas, on le comprend, que le dévouement de sa fille dût aller jusque-là!

s'éclairer à la sagesse de Mounier et de Malouët; comparer Barnave, Cazalès et l'abbé Maury; s'associer aux efforts impuissants des Girardin, des Beugnot, en faveur de la monarchie constitutionnelle; s'émouvoir aux sinistres accusations de Vergniaud, de celui auquel elle a décerné la palme de l'éloquence, et que la République, *Saturne nouveau,* devait bientôt dévorer!

Et lorsque le Directoire, le Consulat auront permis d'avoir un salon, de qui sera-t-elle entourée? Du prince de nos diplomates; de l'adroit ministre qui a voulu, à force de modération, faire oublier son passé; du seul soldat *heureux* qui soit resté *roi* après la chute de l'Empire; de ce spirituel tribun à qui on a reproché, cependant, la monomanie de la popularité; du plus poétique et du plus religieux de nos prosateurs; de l'homme de bien qui, dans une nuit célèbre, fit si noblement le sacrifice d'un grand nom; des deux frères du chef de l'Etat (1), d'une foule d'étrangers de distinction, princes ou autres; enfin, de tout ce qui cédait déjà au prestige de son magique entretien!

Que, sur un fond d'or ou d'albâtre, un habile ouvrier arrange et nuance avec art les mille couleurs d'une brillante mosaïque, il parviendra à faire revivre dans la basilique de Saint-Pierre, ou dans tout autre temple, les plus belles toiles des grands maîtres! Sur un sujet déjà préparé par le concours de

---

(1) De MM. de Talleyrand, Fouché, Bernadotte, Benjamin Constant, de Châteaubriand, de Montmorency, Lucien et Joseph Bonaparte, etc., etc.

tant de circonstances heureuses, sur une femme telle que Mᵐᵉ de Staël, la fréquentation, la société de cette foule d'hommes éminents, dont elle s'était comme pénétrée, explique d'avance ce qu'elle a été.

Attendez-vous donc à la voir, d'abord nouvelle et ardente initiée, puis mûrie, instruite et perfectionnée par l'âge et la réflexion ; inspirée par l'amour de la liberté, par une haute philosophie et par les sentiments les plus généreux, s'élancer du petit tabouret où elle a passé ses premières années pour courir à la recherche de toutes les gloires, au soutien de toutes les causes saintes, de toutes les grande vérités ; disséquant cruellement les parties faibles de l'Empire, mais lui rendant quelquefois justice, et avouant la grande supériorité d'esprit de son chef (1) ; criant souvent à la persécution, mais dédaignant la satire et la calomnie ; disant même de la plus acharnée de ses ennemies

---

(1) Elle a imprimé dans ses *Dix ans d'exil* : « Chaque « fois que je l'ai entendu parler (le premier consul), j'ai « été frappée de sa supériorité. » Et il ne faut rien de moins que cette déclaration pour expliquer le singulier aveu qu'elle fait dans le même ouvrage : « Etant invitée à une « fête où le premier consul devait aussi assister, prévoyant « qu'il lui adresserait la parole, redoutant quelque bou- « tade, elle avait pris la précaution d'écrire, pour ne pas « les oublier, les réponses *fines et piquantes* qu'elle se « proposait de lui faire. » Peine perdue ! le premier consul ne lui adressa que deux ou trois questions insignifiantes.

Il est donc vrai que la grandeur et la gloire intimident le talent même le plus éprouvé ?

littéraires (1) : *Elle m'attaque; moi, je la loue* (2) ; et laissant après elle une longue traînée de jets lumineux qui ont ébloui la génération présente, dont les traces éclaireront encore la postérité !

Il convient de bien décrire une vie qui est la clé du talent de Mme de Staël; ajoutons donc encore quelques détails à ceux qui précèdent. Cette exquise sensibilité, qui fait le charme de plusieurs de ses ouvrages, s'est aussi révélée par la tendresse profonde qu'elle avait pour son père et ses trois enfants. La perte de ceux d'entre eux dont elle a eu le malheur de fermer les yeux, celle de son père, en particulier, avait presque anéanti ses facultés. Sous le Directoire, si elle a eu quelque influence, elle ne l'a employée qu'à obtenir des radiations d'émigrés, à faire prononcer des restitutions de biens injustement confisqués, à empêcher des condamnations capitales (3) ! Elle avait la passion

---

(1) Mme de Genlis.

(2) C'est à l'occasion des critiques amères et malveillantes de Mme de Genlis qu'elle a tenu ce propos ; et jamais, en effet, elle n'a écrit une ligne contre celle qui avait pris à tâche de la déchirer à tout propos. Mais lorsque Mme de Genlis, dans son ouvrage : *De l'influence des femmes sur la littérature*, crut devoir aussi se déchaîner contre Mme Necker, sa fille exhala en termes très vifs son juste ressentiment, et ses amis eurent beaucoup de peine à lui faire comprendre qu'elle devait dédaigner cette nouvelle provocation. Elle voulait absolument prendre la plume et répondre.

(3) On voit, dans les *Considérations sur la Révolution*

du bien et du bon dans ses actes, comme elle a eu le sentiment du beau et du grand dans ses différents écrits.

En politique, pénétrée des vrais principes de la liberté, elle ne reconnaissait d'autre supériorité que celle de la loi, ne voyait autour d'elle que des égaux ; mais elle repoussait toutes les exagérations, et elle a tracé un portrait du *fanatisme politique* (1) qui, aujourjourd'hui, a encore le mérite de l'à-propos.

Dans la république des Lettres, elle proclamait, au contraire, l'aristocratie de l'intelligence et du talent, l'admettait pour les autres comme pour elle-même. Etrangère à ce qu'on appelle orgueil, amour-propre, jalousie littéraire, elle admirait hautement, et sans restriction, plusieurs parties des ouvrages de Walter Scott, de lord Byron, de M. de Châteaubriand, de Mme de Genlis même, dont elle disait : *Voilà qui est bien, voilà qui est beau!* Puis, avec la même franchise, elle s'exprimait ainsi sur un autre auteur : « Il n'est pas mon égal ; si nous nous battons, il sortira blessé de la lutte (2). »

Le moment est enfin venu de la juger sur ses œuvres.

En dépeignant Voltaire, dans ce Discours qui a été

---

française, que Mme de Staël est parvenue à sauver les jours de M. de Norvins de Montbreton, prévenu d'émigration et renvoyé devant une commission militaire.

(1) Dans son Traité *De l'Influence des passions*.

(2) Mme de Saussure, en rapportant cette anecdote, n'a pas cru devoir nommer l'auteur.

couronné, il y a quelques années, comme modèle d'élégance, de fidélité et de précision, on avait mis, on avait dû mettre sur le premier plan du tableau son *Traité de la tolérance*. Ce dogme, pris dans son acception la plus étendue, lui a inspiré *Alzire* et *la Henriade* ; l'a fait voler au secours des Calas, des Sirven, de toutes les victimes du fanatisme et du pouvoir absolu. En le prêchant dans ses nombreux écrits, et dans sa correspondance même, ce dogme *protée* qui peut revêtir mille formes, il a été, si cette expression est permise, notre premier révolutionnaire ; enfin, la tolérance fut pour lui un culte, une religion.

Dans un éloge de Mme de Staël, comment ne pas s'occuper d'abord de ses ouvrages politiques ? Quand l'Académie l'a mis au concours, elle a désigné ce nom comme représentant au plus haut degré *l'amour de la liberté;* elle n'a placé qu'en seconde ligne celui de *la dignité morale et des lettres* (1). En

---

(1) Par respect pour l'ordre d'idées établi dans le programme même de l'Académie, pour se conformer à la marche suivie dans le *Discours sur Voltaire*, et afin d'éviter de passer de la politique à la philosophie, à la littérature, et de la littérature à la philosophie, à la politique, on n'a pas cru devoir, dans l'examen des nombreux ouvrages de Mme de Staël, suivre leur rang chronologique : on a préféré les classer par ordre de matières ; on les a même scindés, lorsque formant une sorte de marqueterie, comme *l'Allemagne, la Littérature* et les *Considérations sur la Révolution française*, par exemple, ils traitaient plusieurs sujets à la fois.

effet, la religion de Mme de Staël, son culte, à elle, ce fut l'amour de la liberté. Sous quelque forme qu'elle l'ait entrevue, qu'elle fût monarchie constitutionnelle ou république modérée, elle l'a accueillie avec transport ou acceptée avec résignation, sans arrière-pensée. Au contraire, despotisme de tous, arbitraire d'un seul, ont été frappés par elle du même anathème. Enfin, ses pensées politiques ont d'autant plus droit au premier rang dans son Eloge, qu'elle et M. Necker, surtout, sont en quelque sorte identifiés avec certaines phases de notre Révolution.

Parler de M. Necker, c'est désigner un ministre qui, quoi qu'en ait pu dire et penser Mirabeau (1), a été un homme d'Etat distingué; c'est rappeler un écrivain qui a constamment cherché à faire prévaloir en France les formes de la monarchie anglaise; qui avait les principes politiques de Montesquieu, ceux des Clermont-Tonnerre, des Lally-Tolendal, des Mounier, des Malouët. Aux yeux, donc, de Mme de Staël, qui témoignait pour son père une vénération si profonde, une admiration presque exagérée, et qui avait eu les

---

(1) Mirabeau, dans sa secrète jalousie, a bien pu chercher à imprimer à M. Necker le stigmate d'une injurieuse et méprisante épithète (*); mais Lally-Tollendal, juge plus impartial et non moins éclairé, a cru devoir le placer « au premier rang parmi les hommes publics et privés les « plus estimables. » Il ne lui a reconnu qu'un tort (ou qu'un malheur plutôt), celui d'avoir paru trop tôt, en 1777, et d'avoir été appelé, en 1788, *au lit d'un mourant!*

(*) Colle de grippe-sou genevois.

mêmes relations, les mêmes amis ; qui avait comparé à vingt-deux ans *le Contrat social* et *l'Esprit des Lois*, et qui avait entrevu, dès cette époque, auquel des deux la préférence était due : l'idéal d'un bon gouvernement, c'est celui où elle trouvera un roi, une chambre héréditaire et une chambre élective dont la modération soit placée sous l'égide de certaines conditions de fortune. Mais ce qu'elle veut, avant tout, comme étant l'expression des besoins et des vœux des majorités, c'est l'alliance de l'ordre et de la vraie liberté !

Offrez-lui donc une République autre que la Terreur, qui ne vive pas d'anarchie, de lois agraires, de confiscations et d'échafauds, une République semblable à celle des Etats-Unis ou de l'an 3, avec deux Chambres, *deux Conseils*, et un pouvoir exécutif fortement constitué, pouvant tenir les rênes de l'Etat d'une main ferme ; elle s'y ralliera, non comme à une théorie préférable à la Monarchie anglaise, mais (avec son père) comme à un fait accompli qu'il faut accepter, comme à une nécessité qu'il faut subir, et dont l'épreuve doit être faite sans arrière-pensée. Elle le dit, et elle le prouve par l'énergie de son langage, par une conviction qui déborde dans tous ses écrits, dans ses romans même ; elle veut que la sainte cause de la liberté triomphe. Elle rougirait pour la France d'un retour à l'ancien régime ; elle le croit, d'ailleurs, impossible.

Ne lui parlez pas de la constitution de 1791, où elle ne voit qu'une seule assemblée, souveraine et despotique, à côté d'un roi d'avance détrôné, armé simplement d'un *veto* dont il ne pourra faire usage sans provoquer un 20 juin, puis sa déchéance! M. Necker, dès la promulgation de cette constitution, en avait fait, dit-elle, l'oraison funèbre ; il avait démontré qu'aucun lien n'existait entre les différents rouages de cette œuvre informe ; il avait prédit que ce faible esquif allait toucher et sombrer! Son père, elle le croit, n'a jamais été un faux prophète!

Loin et bien loin, poursuit-elle, la constitution de l'an 8, dont M. Necker, dans un ouvrage (qu'on l'a même soupçonnée d'avoir enrichi de quelques chapitres (1)), a si bien fait ressortir les allures impériales! Sous un gouvernement qui se dit libre et qui s'intitule République, comprend-on un Corps législatif qui écoute et ne parle pas, un Tribunat qui peut être épuré par le Sénat, un Sénat qui a le droit de se mettre au-dessus de la constitution et des lois, un Conseil d'Etat, nommé par le premier consul, qui peut devenir législateur, et aux décisions duquel est soumise la responsabilité des agents du pouvoir? Dans l'application de cette constitution, conçoit-on des journalistes déportés en masse et sans jugement, des tribunaux spéciaux chargés de prononcer sur les procès politiques, des commissions militaires qui jugent

---

(1) Dans ses *Dix ans d'exil*, elle affirme qu'elle était restée tout à fait étrangère aux *Dernières vues politiques* de M. Necker ; que même elle avait cherché à en arrêter la publication ; mais elle avoue aussi que le premier consul avait conservé une opinion contraire.

et condamnent en quelques heures, *qui font exécuter aux flambeaux?*

Et ces sénatus-consultes organiques du Consulat à vie et de l'Empire, qui bâillonnent la presse, qui permettent aux bastilles de s'ouvrir! « Français ! s'écrie Mme de Staël (livrée, depuis la mort de M. Necker, à ses propres inspirations), ces sénatus-consultes sont-ils autre chose qu'une amère dérision, que le Code du despotisme écrit avec l'épée d'un César, grand par la victoire, sachant régner à quelques égards, qui vous a construit des routes, des canaux, de grands monuments, qui vous a donné le Code civil, qui vous a rendus immortels comme les Romains ; mais qui vous a ravi le premier des biens, la plus belle des gloires, la liberté ? »

« Français ! s'écrie-t-elle encore en présence des Restaurations de 1814 et de 1815, veillez sur cette liberté ! L'ancien régime la menace ; il vous a donné une ordonnance de réformation au lieu d'une constitution ; il entre dans la voie des réactions ; il est revenu cuirassé de prétentions nobiliaires et théocratiques (1) ! Plutôt que de flatter ses tendances, moi qui

---

(1) C'est là le résumé fidèle des chapitres des *Considérations sur la Révolution française* qui sont intitulés : *l'ancien régime, le mélange de la religion avec la politique.* Elle a dit, d'ailleurs, des royalistes purs, que « la « charte était pour eux comme le cheval de Troie : qu'ils s'y « cachaient pour entrer plus facilement dans la place ! » Elle a dit encore : « Ils sont à cheval sur la charte, mais

l'ai toujours combattu, moi la fille de M. Necker, moi qui me sens mourir, *ramenez-moi aux carrières!* »

Tel est l'ensemble, non des expressions, mais des idées que Mme de Staël a émises et comme gravées, de 1792 à 1817, dans ses nombreux écrits politiques.

Dans le premier, intitulé : *A quels signes on reconnaît les majorités*, elle démontre que les majorités veulent toujours faire marcher de front l'ordre et la liberté. Elle affirme, comme l'a fait plus tard le garde des sceaux De Serres, que ces majorités sont toujours *saines;* elle n'en excepte ni celle de la Convention pendant la Terreur, ni, surtout, celle des Thermidoriens. Ses nobles réflexions sur le procès de la reine rappellent que, d'après le fameux *livre rouge*, toutes les prodigalités tant reprochées à cette auguste princesse n'avaient pas excédé six millions! Et l'on peut ajouter pour elle, en présence de tant d'autres prodigalités des temps plus modernes, en s'emparant de la pensée d'un de nos poètes (1) : *L'enfer fut déchaîné... pour un arpent de terre!* Dans l'écrit intitulé : *Réflexions sur la paix, adressées aux Français et à M. Pitt*, elle cherche à faire comprendre à la France et à l'Angleterre qu'il est temps d'arrêter l'effusion du sang; elle prévoit, chose remarquable! que notre drapeau pourrait bien un jour aller se planter sur toutes les capitales de l'Europe : elle s'exprime enfin de ma-

pour la *crever!* » Ces plaisanteries indiquent assez ce qu'elle pensait des tendances de l'époque.

(1) Fabre d'Eglantine.

nière à mériter que l'illustre Fox en fasse l'éloge à la tribune du parlement anglais (1). Dans ses *Réflexions sur la paix intérieure,* après avoir déploré et flétri le fatal dénouement de Quiberon, elle donne à tous les partis sages, royalistes purs, royalistes constitutionnels et républicains honnêtes, le conseil de se rallier à la constitution de l'an 3, qui était alors, selon elle, notre ancre de miséricorde. Ses *Dix ans d'exil* ne contiennent pas seulement la triste et pénible histoire de ses démêlés avec la police de l'Empire, ils sont pleins de faits, de détails politiques curieux, attachants; ils renferment aussi une sévère appréciation de la constitution de l'an 8 et de l'Empire. Ses *Considérations sur la Révolution française,* qui n'ont été publiées qu'après sa mort et qui sont son ouvrage politique le plus important, résument toutes ses opinions précédentes sur notre Révolution, sur la meilleure forme de gouvernement à donner à la France : et évidemment, malgré les critiques amères de quelques personnes (2), gui-

---

(1) Dans ses *Réflexions sur la paix,* Mme de Staël indique avec sagacité quelle était en Europe la position des puissances belligérantes, le commun intérêt que l'Angleterre et la France avaient, avant nos belles campagnes d'Italie, à arrêter l'effusion du sang. Cinq ans après, ses prévisions se sont vérifiées : l'Angleterre a été obligée de signer la paix d'Amiens et d'accorder beaucoup plus qu'on n'aurait osé lui demander en 1796. En 1813, la France, à son tour, n'a-t-elle pas eu tort mille fois quand elle s'est refusée à la paix de Dresde ?

(2) Parmi elles, il faut placer en première ligne M. de

dée comme elle l'était par son instinct, par sa passion de liberté unie à un grand besoin d'ordre et de stabilité, elle ne pouvait pas apprécier nos constitutions diverses autrement qu'elle ne l'a fait. Elle le prouve très bien : une république démagogique où la souveraineté du peuple n'a point de frein, une monarchie sans pouvoir royal réel, conduisent bien vite à l'anarchie ; l'ancien régime pur n'est plus que la chimère des aveugles ; et l'Empire, au milieu de toutes ses gloires, ne nous avait laissé, de l'aveu même de son chef, que l'égalité devant la loi ; il ne nous avait pas cru mûrs pour un régime constitutionnel. Il avait condamné la liberté à l'ostracisme !

Le meilleur des gouvernements, selon Mme de Staël, c'est donc la constitution anglaise. Dans ses *Considérations sur la Révolution française*, elle en fait un long exposé et un magnifique éloge, à mettre presque à côté des belles pages de Montesquieu qui se terminent par la

Bonald le père, qui avait entrepris, dans un de ses ouvrages, la réfutation complète des *Considérations sur la Révolution française*. Cette réfutation se ressent, et cela devait être, des exagérations royalistes et religieuses de l'auteur ; il y qualifie les *Considérations* « un bien triste « legs fait à la société, un nouveau roman sur la politique ; » il reproche à Mme. de Staël et ses prédilections pour la constitution anglaise et ses défiances contre la petite noblesse, contre les *anoblis* ; il lui reproche encore de n'avoir pas cru qu'avant la Révolution la France eût réellement une constitution ! Il est bien l'homme dont Mme de Staël avait dit qu'il était le *philosophe des anti-philosophes*.

réflexion *que ce beau système a été trouvé dans les bois !* Mais, avec une sagesse et une sagacité dignes de son esprit élevé, elle a su faire ressortir les imperfections principales de ce gouvernement; elle n'a dissimulé ni sa vénalité, ni sa domination ministérielle, ni son despotisme continental et maritime. Et lord Grey, avec qui elle a eu d'intimes relations pendant son séjour en Angleterre, qui, depuis, a proposé et fait accueillir une réforme électorale réclamée depuis longtemps par l'opinion du pays, semblait presque s'être inspiré des propres idées de Mme de Staël sur cette importante question. On aime, au surplus, à voir en quels termes elle a parlé des Sydney, des Russell et de tous les martyrs de la liberté sous Jacques II; quelles palmes elle décerne à Shéridan, à lord Erskine, à Fox, aux chefs de l'opposition anglaise! avec quelle chaleur d'âme elle loue ce dernier, prononçant son admirable discours sur Lafayette prisonnier à Olmütz; de quel dédaigneux mépris elle accable le ministre anglais (1) qui fut, en 1815, l'âme de la Sainte-Alliance, qui a osé dire que *la liberté était un usage de l'Angleterre qui ne convenait pas aux autres pays*, et qui est allé demander au suicide l'expiation de ce blasphème politique, comme de sa haine invétérée pour le nom français! En présence de tant de nobles pensées, de tant de généreuses indignations, comment douter que tous les écrits politiques de Mme de Staël ne lui aient été dictés par un ardent amour de la vraie liberté?

(1) Lord Castlereagh.

Néanmoins, on s'est demandé si elle avait eu d'autre passion que l'effroi de l'Empire et le ressentiment de son double exil! Et cela parce qu'elle aurait refusé de suivre l'exemple de Benjamin Constant, de plusieurs de ses autres amis politiques, et de se rallier à l'acte additionnel des Cent-Jours! parce qu'elle aurait dit alors : « *On s'est passé de constitution et de moi* « *pendant douze ans; à présent même, on ne nous aime* « *pas plus l'une que l'autre!* » Qu'on lise donc dans ses *Considérations sur la Révolution française* les chapitres intitulés *l'Emigration, le Mélange de la religion et de la politique, les Français sont-ils dignes d'être libres, l'Amour de la liberté*, ce dernier surtout, qui a été son chant du cygne! on saura ce qu'elle a pensé du régime du bon plaisir, des mandements politiques de 1815 (1), des anathèmes vociférés à cette époque contre les principes constitutionnels! On y trouvera, enfin, un noble testament politique (2)!

(1) Mme de Staël met là en contradiction avec lui-même, et accable de sa logique constitutionnelle, un évêque, ancien aumônier de l'Empereur, qui s'est prononcé en 1815 pour le droit divin, a nié la souveraineté de la nation, a reproduit, en faveur de la Restauration, tous les arguments que son zèle pour l'Empire lui avait inspirés quelques années auparavant.

(2) Sa pensée politique ne s'est pas révélée seulement dans ses œuvres, elle a percé dans tous les actes de sa vie publique et privée. Si nous la voyons plaindre Moreau, demander à Bernadotte *quelles précautions on pourrait prendre contre les chances d'une usurpation*, dans son

Et pour achever de peindre ce cœur français, avant tout, lorsque, réfugiée en Angleterre et soupirant après le terme de son second exil, on lui apprend l'occupation de Paris, en la félicitant de ce que les portes lui en sont ouvertes : « Comment voulez-vous, répond-« elle, que je reçoive votre compliment de ce qui fait « mon désespoir ? » Un an après, quand son cœur frémissait au souvenir palpitant de Waterloo, elle entend insulter *le lion mourant :* « La France et l'Eu-« rope, s'écrie-t-elle, n'ont pas obéi quinze ans à un « homme sans talent et sans courage ! »

Cet homme, elle ne l'aimait pas, cependant ; et trop souvent, dans ses *Dix ans d'exil,* dans ses *Considérations sur la Révolution française,* elle a exhalé contre lui de violentes philippiques que l'inflexible Histoire devra bâtonner ou modifier, comme em-

---

intimité elle accueille et fête un tribun qui, seul avec Carnot, a voté contre le consulat à vie ; qui a fait plus, il est vrai, qui a envoyé ensuite sa démission, en la motivant sur ce qu'il a cru être une violation de la constitution ! Et aussitôt que l'Empire est tombé, dès que l'ancien régime reparaît menaçant, elle n'écrira pas seulement, dans ses *Considérations sur la Révolution française,* qu'il nous fallait une constitution au lieu d'une ordonnance de réformation, que la France est perdue si elle est livrée aux réactions ! elle cherchera partout des défenseurs, des appuis à cette sainte cause de la liberté constitutionnelle ; et nous l'avons vue, avec étonnement et reconnaissance, encourager, louer des écrits où ces questions étaient abordées, et qui n'avaient d'autre mérite que l'à-propos, la hardiesse et la nouveauté.

preintes de ressentiments personnels. Mais faisons observer, à la louange de Mme de Staël, qu'elle a brisé sa plume et s'est arrêtée quand elle a vu beaucoup d'écrivains se faire les continuateurs de ses philippiques, « après s'être assurés, dit-elle, de la hauteur « du rocher de Sainte-Hélène (1) ! »

Tous les autres portraits politiques qu'elle a placés, et en grand nombre, dans ces deux ouvrages, forment une galerie pleine d'intérêt. Empereurs, rois, généraux, ministres, orateurs des différentes parties de l'Europe y sont peints avec d'autant plus de vérité, qu'elle les a tous connus, entendus, observés, et qu'elle pouvait, mieux que personne, les apprécier. Elle a été juste et impartiale envers tous. Pour M. Necker seul, elle a été peut-être plus que panégyriste; mais il faut le lui pardonner : elle l'aimait tant, elle lui devait tant, que l'exagération de l'éloge lui était permise (2).

(1) Que de choses encore à faire remarquer dans ses autres écrits, qui semblent appropriées à toutes les phases de notre Révolution et qui renferment d'utiles leçons !

Quand elle parle de *l'esprit de parti* dans son Traité *De l'Influence des passions*, quand elle le représente dénaturant, envenimant tout, elle développe de tristes vérités, et dont l'époque actuelle peut offrir plus d'un exemple. C'est encore l'histoire de ces derniers temps qu'elle écrit lorsqu'elle rappelle que sous la Terreur, dans le déplorable délire des passions politiques, « on a pu dire, sans être un assassin : « Il y a en France *deux millions* « *d'hommes de trop !* »

(2) Il est curieux de voir Mme de Staël, par suite de son

Il nous reste une opinion à émettre sur la lutte longue, acharnée même (et dont on connaît déjà quelques détails), qui s'était établie entre Mme de Staël et le souverain auquel elle a toujours donné le même nom que l'Angleterre ; qu'elle aussi n'a jamais voulu *reconnaître* (1) ! Nous nous trompons : la lutte n'a dû réellement exister qu'entre Mme de Staël et cette police toujours soupçonneuse qui avait succédé à celle des premières années de l'Empire. Elle n'a pas pu atteindre de plus hautes proportions ; mais, telle qu'elle est, après l'avoir déplorée, il convient de la juger.

Mme de Staël, entourée de toute la popularité littéraire attachée à l'immense succès de *Corinne*, semble ne pas s'en contenter ; elle dispute presque le pas à une autre popularité qui, elle, ne pouvait pas avoir de rivale ! Elle fait plus, elle poursuit de ses sarcasmes un pouvoir nouveau, et, par cela même, ombrageux ! En même temps, fière d'une première couronne,

attachement exalté pour son père, penser toujours comme lui, traiter même tous les sujets qu'il a traités ! Elle a fait avec lui de la politique ; avec lui, on le verra, elle s'est occupée de philosophie, de comédie, de romans. De plus, il n'y a pas un seul de ses ouvrages où elle n'ait introduit l'éloge des vues financières et politiques, de l'éloquence, des vertus de M. Necker. Dans sa Notice sur sa vie privée, enfin, à propos de quelques louanges que M. Necker lui aurait aussi adressées, elle convient que, *dans sa famille, on a toujours eu l'habitude de se louer ;* seulement, elle croit pouvoir dire « que c'est avec raison. »

(1) Elle ne l'appelle jamais que *Bonaparte !*

elle cherche à en mériter une seconde en écrivant son bel ouvrage de *l'Allemagne*. Ce manuscrit, déposé à la censure, va de la censure à l'impression, après avoir subi quelques coupures, sans que personne ait entrevu dans la pensée de l'auteur l'ombre même d'un rapprochement entre le moderne conquérant de l'Europe et un portrait de ce *fléau de Dieu*, singulier mélange de grandeur et de barbarie, qui, au cinquième siècle, s'inclina, recula cependant devant un Pape (1)!

Mais cette police qui veillait nuit et jour sur les destinées de l'Empire, et qui devait, un an après, se laisser emprisonner par un obscur conspirateur, s'effraie d'un livre de Mme de Staël sur cette Allemagne que nous occupons! Elle le relit pour le soumettre à une seconde censure ; et, en le parcourant, qui sait

---

(1) Ce portrait n'était que l'esquisse obligée d'une des meilleures pièces de Werner ; et, dans le plan de Mme de Staël, elle devait passer en revue tout le théâtre allemand : ainsi nulle pensée d'allusion ne peut lui être raisonnablement prêtée ; et c'est sans motif sérieux que son *Allemagne* fut mutilée, qu'elle fut tenue elle-même en charte-privée par la police tracassière et maladroite de 1812.

La justification de Mme de Staël, sur ce point, se trouve encore mieux établie par sa lettre à l'Empereur qui est rappelée dans le 8e volume des Mémoires *d'Outre-Tombe*, où elle lui présente son ouvrage sur *l'Allemagne*, en lui demandant de mettre un terme à son exil. Quelle apparence que, coupable de la pensée de l'allusion à *Attila*, elle eût osé écrire cette lettre ?

si un nom tristement célèbre, celui d'*Attila*, ne l'a pas frappée, si elle n'a pas cru à un odieux parallèle !

Quoi qu'il en soit, pour ce motif ou pour tout autre que Mme de Staël ne paraît pas avoir pénétré, son ouvrage, imprimé et près de paraître, est lacéré, *mis au pilon*..... On lui écrit qu'il n'est pas *français* ! On l'invite à se retirer aux Etats-Unis ; on lui interdit l'Allemagne, l'Angleterre, toute l'Europe !

En est-ce assez vis-à-vis d'une femme qui avait pu se montrer téméraire, hostile même dans ses discours, mais dont aucun acte, aucun écrit n'était punissable, et qui avait déjà placé son nom en tête du livre littéraire de la France ! Hélas ! non, elle avait encore une épreuve à subir, et la plus douloureuse de toutes !

Quand la police eût signifié son arrêt, il produisit un effet magique ; les enchantements du palais d'Armide furent détruits, la retraite de Mme de Staël se trouva déserte. Deux personnes osèrent seules rester fidèles à l'amitié : un homme, noble reste de nos preux chevaliers (1) ; une femme, heureux modèle de bonté, et dont la beauté est devenue historique (2). Qui le croirait ? Quelques jours, peut-être quelques heures passées à Coppet furent un crime dont on les punit l'un et l'autre par l'exil ! Et Mme de Staël fut plus surveillée que jamais ; elle put se croire, elle se crut prisonnière ! Ecrivain, elle avait été courroucée ; amie, elle fut

(1) M. de Montmorency.
(2) Mme Récamier.

désespérée, indignée ; femme politique, elle aurait pu braver le danger, vrai ou chimérique, d'une bastille ; mère de famille, elle ne crut pas devoir s'y exposer : elle s'enfuit jusqu'à Vienne, sans autre escorte que ses enfants; mais de Vienne à la frontière russe, elle fut contrainte de voyager précédée de la police de l'Autriche, devenue alors notre alliée! Aussi, arrivée à Saint-Pétersbourg, elle l'avoue (après une restriction qui soulage), elle porta ses lèvres à une coupe où l'on buvait *à la chute de l'oppresseur de la France et de l'Europe* (6)! Mais, dix-huit mois après, elle est à Londres ; nos armées, de victoires en victoires, de fatalités en fatalités, ont reculé de Moscou à Leipzig, de Leipzig à Brienne, à Champ-Aubert, à Montereau ; et on lui demande quels vœux elle forme contre cet astre qui pâlit! Si elle n'a pas encore pardonné, elle est restée *Française*, quoi qu'on ait pu lui écrire ; et en se rappelant Epaminondas à Mantinée, au souvenir de la noble fin de Mithridate, *dont les derniers regards ont vu fuir les Romains!* « Qu'il soit victorieux et qu'il « meure! » répond-elle.

Bizarre et triste destinée de deux êtres dont la carrière était si différente, et qui n'ont pu faire un pas sans se rencontrer, se rencontrer sans se heurter !

(6) On portait devant elle un *toast* au succès des armées réunies de l'Angleterre et de la Russie. « Je souhaite, dit « Mme de Staël, la chute de celui qui opprime la France « comme l'Europe ; car les véritables Français triomphe- « ront s'il est repoussé. »

qui se sont vus, étudiés, observés, et qui sont morts sans se comprendre! Mais si la génération qui s'éteint n'a pas pu les rendre justes l'un envers l'autre, celle qui arrive doit les rapprocher et leur dire :

Ombre illustre, à Rome même on dût quelquefois couvrir d'un voile la liberté ; et lorsque ce voile est parsemé d'étoiles aussi brillantes que celles du firmament, quand il rayonne de toutes les gloires, oubliez qu'en France on l'a condamnée, peut-être trop longtemps, à ne pas voir la lumière !

Homme immortel, vous aviez méconnu une femme supérieure et renversé l'autel où elle sacrifiait ; elle en a été vivement émue, et son ressentiment est allé bien loin ! Mais, en votre nom, elle avait beaucoup souffert ; et elle aussi ne doit pas mourir !

Arrivé aux questions de philosophie, de *dignité morale* que Mme de Staël a traitées, nous allons la trouver encore esprit judicieux, souvent profond ; et nous lui reconnaîtrons de plus un mérite bien rare, aujourd'hui surtout, chez les écrivains : celui de savoir modifier, désavouer même les opinions trop hardies qu'elle aurait pu émettre dans sa jeunesse.

Ces questions, elle les a développées dans son *Traité de l'influence des passions sur le bonheur des individus*, dans ses *Réflexions sur le suicide*, jusque dans ses romans, et, plus particulièrement, dans la dernière partie de *l'Allemagne*. Avant d'en présenter l'analyse, il convient de se pénétrer de la pensée première qui inspira ces différents ouvrages et de se reporter, par conséquent, sous le point de vue religieux, comme on l'a fait sous le point de vue politique, aux temps divers que l'auteur a parcourus.

De 1766 à 1789, quel a été en France l'état de la religion révélée, catholique et protestante? *Catholique,* elle régnait encore ; et les délices, les flatteries, les séductions qui entourent tous les trônes l'avaient énervée ; on pourrait presque dire plus ! *Protestante,* si les dragonnades avaient cessé, si l'état civil lui était rendu, si elle était tolérée, enfin, elle était cependant dans cette espèce de dépendance, d'esclavage, qui devait maintenir chez la plupart de ses sectaires une partie du zèle ardent des premiers calvinistes.

Aussi, pendant qu'Helvétius, Diderot, d'Alembert, le baron d'Holbach professaient ouvertement l'athéisme ; pendant que Voltaire, tout en se défendant de cette accusation, donnait un mot d'ordre, poussait ce cri de : *Guerre à l'infâme!* qui est resté une triste énigme ; pendant que Jean-Jacques, après avoir combattu Helvétius, après avoir publié, dans la profession de foi du *Vicaire savoyard,* l'éloquent parallèle dont la chaire catholique s'est si souvent emparée, hésitait entre le déisme et le Dieu de ses pères, M. Necker, né protestant comme lui, mais plus conséquent et plus fidèle à la révélation, publiait son livre *De l'importance des idées religieuses;* et Mme de Staël, de son côté, après avoir lu ces *Lettres de la montagne* dont les terribles déductions semblent conduire à l'incrédulité, disait, dans ses *Lettres sur Rousseau :* « Je « crois au lieu de penser ; j'adopte au lieu de réflé-

« chir. Je me suis livrée à la foi, pour m'épargner la
« peine d'un raisonnement qui m'y ramènerait tou-
« jours. »

La Monarchie est tombée; la Terreur et le Directoire se succèdent ! Mme de Staël a repoussé avec horreur l'Etre suprême de Robespierre ; avec dégoût, une théophilanthropie ridicule. Mais quand les temples venaient à peine de s'ouvrir, quand on n'avait pas encore signé le concordat, quand M. de Châteaubriand corrigeait les épreuves du *Génie du Christianisme*, de cet ouvrage qui a fait aussi sa révolution ; quand, enfin, le relâchement religieux était encore général, on doit lui pardonner d'avoir mis dans la bouche de sa *Delphine* (qu'on a dit être son portrait) cette profession de foi équivoque : « Mon mari, M. d'Albemard,
« croyait en Dieu; il espérait l'immortalité de l'âme.
« La vertu, fondée sur la bonté, était son culte en-
« vers l'Etre suprême..... Je n'ai compris d'idées
« religieuses que ce que mon mari m'en a appris ! »

Quelques années se sont écoulées, Mme de Staël a voyagé et observé. Elle a vu qu'en France le culte éclairé de la liberté ramenait à celui de l'Eternel, et que l'opposition de cette époque était pieuse ; que l'Italie avait une foi peu raisonnée, mais sincère ; que l'Angleterre était religieuse et morale ; que l'Allemagne catholique était tolérante ; que les Russes, à l'exemple de la légion Thébaine, s'agenouillaient et invoquaient le Très-Haut avant de marcher au combat! Elle a vu plus, elle a vu qu'un Pape captif était toujours le chef visible et vénéré de l'Eglise catholique! Et, à ces premiers enseignements, elle en a joint un dernier, plus éloquent encore et plus sûr : elle a fait son cours de philosophie, en Allemagne, à une école sérieuse, qui lui a appris à réfléchir ; elle s'est concentrée, interrogée, les mains appuyées l'une sur son front, l'autre sur son cœur ; sa raison et sa conscience lui ont répondu. Sans oser se prononcer irrévocablement entre les idées innées et les idées transmises ; sans examiner si elle était éclairée par la voix intime du Créateur ou par la magnificence de ses œuvres, elle s'est dit : *Dieu existe, il s'est révélé, l'Evangile est sa loi!*

C'est sous l'empire de cette succession de pensées, d'abord variables et indécises, puis fixes et bien arrêtées, qu'il faut se rendre compte maintenant de tout ce que Mme de Staël a écrit sur la religion, le mariage, le divorce, l'éducation, le suicide, la philosophie. Nous serons court ; nous n'avons qu'à poser des jalons qui indiquent la voie nouvelle dans laquelle elle est entrée depuis l'âge mûr jusqu'à sa mort.

Le premier est la publication du roman de *Corinne*. Corinne, artiste ; Corinne, nouvelle image de Mme de Staël, sera peut-être philosophe, sceptique comme Delphine a paru l'être! Non, Corinne croit, Corinne pratique et prie! Elle prie avec ferveur pour elle et pour celui dont elle espère faire un époux! Elle prie quand l'avenir lui sourit, quand elle tremble, quand le malheur l'a accablée! Dans *Delphine*, une femme, née catholique, meurt en refusant un prêtre qui lui est amené et comme imposé par sa fille suppliante, éplorée ; Corinne, atteinte du trait empoisonné qui a pénétré jusqu'à son cœur, réclame elle-même les secours de la religion, et meurt avec une pieuse résignation !

Dans son *Traité sur l'influence des passions,* le seul port que nous offre Mme de Staël contre leurs écueils c'est une vaporeuse et indéfinissable mélancolie (1) ! Dans *l'Allemagne,* elle prêche hautement la nécessité, la vérité des idées religieuses ; et cette conviction se trouve aussi exprimée d'une manière énergique et touchante dans celui de ses ouvrages (2) où elle rend compte des derniers moments de Louis XVI.

Dans *Delphine,* elle n'avait pas craint de nous offrir le tableau d'un homme marié qui brûle d'une flamme adultère, et de chercher à rendre ce tableau séduisant ! Lisez le chapitre sur *l'amour dans le mariage,* qui forme un des nombreux épisodes de son *Allemagne,* vous y verrez une juste et noble protestation contre le relâchement de nos mœurs, contre l'injustice de nos lois, contre notre despotisme conjugal. « Le christia-
« nisme, dit-elle, a tiré la femme d'un état qui res-
« semblait à l'esclavage. L'égalité devant Dieu étant

---

(1) Cette mélancolie, qu'elle a cru être le caractère distinctif de la littérature du Nord, qu'elle reproche aux philosophes anciens de n'avoir pas connue, et dont on a quelque peine à se faire une juste idée, joue encore un grand rôle dans *Corinne ;* elle est presque le nœud gordien du roman ; elle seule pousse lord Nelvil au mariage qui détruit toutes les espérances de son amante.

(2) *Considérations sur la Révolution française.*

« la base de cette admirable religion, elle tend à
« maintenir l'égalité des droits sur la terre. Si la
« destinée des femmes doit consister dans un acte
« de continuel dévouement à l'amour conjugal, la ré-
« compense de ce dévouement c'est la scrupuleuse
« fidélité de celui qui en est l'objet. La religion ne
« fait aucune différence entre les devoirs des deux
« époux ; mais trop souvent le mari dit à sa femme :
« Je vous aimerai deux ou trois ans..., et puis... *je
« vous parlerai raison !* »

Luttant contre l'opinion, ayant presque l'air de la braver, dans *Delphine*, elle soutient thèse en faveur du divorce, en conseille, en ménage un dont son héroïne sera la complice ! Dans *l'Allemagne,* si, comme protestante, elle n'ose pas le condamner formellement, elle reconnaît qu'il conduit au relâchement d'un lien sacré ; elle a vu que nos mœurs le repoussaient ; elle a deviné qu'il allait être effacé de nos Codes.

En analysant à vingt-deux ans l'*Emile* de Rousseau, Mme de Staël avait justement flétri l'indigne chute de sa Sophie ; mais sur tout le reste, même en lui entendant dire *qu'il était étrange que la religion naturelle ne nous suffît pas,* elle doutait que l'auteur se fût trompé une seule fois, et son admiration paraissait sans bornes. Plus tard, au contraire, dans un de ses chapitres de *l'Allemagne*, comparant les utopies de Rousseau sur l'éducation à la méthode de Pestalozzi, elle n'hésite pas à préférer celle-ci ; et ce qu'elle loue le plus, ce sont les principes religieux de cette école, « où tout se passe, dit-elle, au nom de la divinité ! » Devenue femme pratique et grave, si elle eût pu vivre encore quelques années, combien aussi elle aurait applaudi à ces *Lettres sur l'éducation* que l'Académie a couronnées il y a quelques années, et que nous devons à la plume de l'une de ses coreligionnaires les plus distinguées (1), morte beaucoup trop tôt pour les lettres et pour sa famille !

Dans son *Traité sur l'influence des passions*, elle avait dit, à propos de l'amour, « que, pour s'y livrer, « il faut être capable de la résolution de se tuer ; que « contre l'infidélité il ne peut exister qu'une res-« source, le courage de mourir (2). » Mais le temps a marché, ses idées sont devenues plus sérieuses et plus justes : en retournant une pensée de Fontenelle, *il est clair que la religion a passé par là !* Publiant dix ans après ses *Réflexions sur le suicide*, elle blâme même celui de Caton d'Utique ; elle oppose aux étranges doctrines de Marc-Aurèle sur cette question la résignation religieuse du chancelier Thomas Morus et

---

(1) Mme Guizot.

(2) Ce n'était là que le développement des réflexions qu'elle avait faites précédemment dans ses *Lettres sur Rousseau*, après avoir donné à entendre que Jean-Jacques, tourmenté de l'idée que sa femme se livrait à de honteux désordres, aurait recouru au suicide, comme au seul remède qui pût mettre un terme à ses souffrances morales. On voit, au reste, par sa lettre à Mme de Vassy, qui termine une des éditions des œuvres de Rousseau, que, malgré les observations de celle-ci, elle paraît persister dans sa première opinion sur le suicide de Jean-Jacques.

celle de l'angélique Jeanne Gray, repoussant le poison qui lui est offert, déclarant qu'*il faut laisser l'esprit divin ressaisir ce qu'il a donné!* Elle va plus loin, elle ne craint pas de se placer debout sur le parvis du temple, de revêtir le cilice, de se frapper la poitrine et de dire : « Pour l'homme religieux, la ques-
« tion n'est pas douteuse ; je me suis sincèrement re-
« pentie d'avoir loué le suicide! »

Voulez-vous d'autres preuves de la sincérité de ses croyances religieuses? Voyez-la aux prises, dans *l'Allemagne*, avec la philosophie anglaise, française et allemande; avec les anciens et les nouveaux systèmes sur l'origine de nos idées! Voyez-la déployer le fil heureux d'Ariane pour sortir victorieuse de ce labyrinthe d'opinions qui s'entre-détruisent; s'éclairer du flambeau intime qui a révélé au sauvage comme à l'homme civilisé la préexistence d'un Dieu qui punit et qui récompense; lire, à l'aide de ce flambeau, dans le livre de la vraie philosophie ; et grâce à la merveilleuse intelligence de ces matières abstraites, dont un excellent juge, M. Cousin (1), l'a reconnue douée, comme par miracle, deviner la saine doctrine!

On le sait, Descartes, et, après lui, Mallebranche, avaient créé, avec quelques légères variantes, le système des idées innées, que Port-Royal, Bossuet, Pascal, Fénélon, toute la chrétienté du dix-septième siècle accueillirent avec enthousiasme, comme se conciliant, mieux que tout autre, avec la doctrine religieuse du

---

(1) Dans son *Histoire de la philosophie.*

libre arbitre, mais qui avait le tort d'être trop absolu. Pour un esprit juste et sérieux, il est bien difficile de se rallier pleinement à ces systèmes philosophiques et autres (1) qui, accusant l'Eternel d'uniformité, presque d'impuissance dans ses œuvres, rapportent tout à une même cause, n'admettent qu'une solution, et voient presque toujours l'expérience, ou la mort elle-même, leur donner de tristes démentis !

Tel fut cependant l'état de la science pendant quelque temps; et peut-être que Descartes serait mort entouré de toute la gloire attachée, dans le principe, à sa théorie des idées innées, s'il n'avait pas eu le malheur d'imaginer aussi ces tourbillons dans lesquels on se jeta quelque temps *à corps perdu* (2) ! Newton parut, et emporta les tourbillons dans l'espace pour les remplacer par les lois de la gravitation. Aussitôt on se dit, Anglais et Français, que celui qui avait erré en physique devait avoir déraisonné en philosophie; et sans examiner si ce système n'était pas simplement trop exclusif, anathème contre les idées innées, mais anathème sur lequel les philosophes allemands ne furent pas consultés! Et Locke, entrant à pleines voiles dans le système opposé (toujours sans avoir demandé l'avis des Universités d'Allemagne), décida que nous n'avons que des sensations. Condillac, marchant sur ses traces, ne fit qu'une seule exception (et comme à regret) en faveur de la révélation; et

---

(1) Tels que celui de Broussais, en médecine.
(2) Expression de Destouches dans une de ses comédies.

tel fut l'engouement pour la nouvelle doctrine, que Thomas, prononçant, un siècle après, l'éloge de Descartes, demandait presque grâce pour l'*énormité* des idées innées!

A côté de ces deux écoles s'éleva bientôt celle des sceptiques, celle de Hume, qui, voyant les impossibilités, les invraisemblances de chacun des deux systèmes, s'était jeté dans le doute, et dans le doute le plus absolu! Comme si l'absolu n'était pas exclusivement réservé à nos connaissances mathématiques, et devait être le cachet de la science où la nature même des choses a placé le plus d'incertitudes!

Cependant, Leibnitz, cherchant un juste tempérament entre ces trois systèmes, avait mis peut-être le doigt sur la solution du problème, en disant « que « toutes nos idées nous arrivent par les sensations, « hors notre intelligence elle-même (1). » Et, par ce peu de mots, il avait frayé la route à Kant et à son école.

Kant, en effet, placé en présence de ce trait de lumière, grandissait, réfléchissait, comparait les trois systèmes; et une conclusion bien simple, mais décisive, selon nous, sortait de cette forte tête à travers la confusion, l'obscurité de ses idées. Cette conclusion est que *nous avons des devoirs à remplir et une conscience agissant d'elle-même, sans être soumise à l'action des objets extérieurs.* D'où la conséquence que

---

(1) *Nihil est in intellectu, quod non fuerit in sensu nisi intellectus ipse.*

nous avons en même temps des idées innées et des sensations; que Descartes, Locke et Hume, comme tous les hommes à systèmes, ont été tous trop exclusifs; que tous, enfin, sont restés en deçà ou sont allés au delà de la vérité.

Telle est la thèse que Mme de Staël a entrepris de soutenir dans la seconde partie de *l'Allemagne,* en l'isolant des distinctions métaphysiques de son auteur; et elle l'a fait avec précision, avec une sagacité admirable, comme une femme, même supérieure, doit le faire, en jugeant chaque système seulement par ses résultats, en disant : « L'examen de la théorie exige
« une capacité qui m'est étrangère; mais il est facile
« d'observer l'influence qu'exerce telle ou telle opi-
« nion métaphysique sur le développement de l'es-
« prit et de l'âme. Cette vie n'a quelque prix que si
« elle sert à l'éducation religieuse de notre cœur;
« que si elle nous prépare une destinée plus haute,
« par le choix libre de la vertu. *L'Evangile* (ajoute-
« t-elle) *nous apprend qu'il faut juger les prophètes*
« *sur leurs œuvres!* » Et ce point de départ lui suffit.

Le sensualisme de Locke, malgré les réserves religieuses de Condillac, conduit au fatalisme. Il nous a valu Hobbes, Helvétius et *le Système de la nature!* Elle le juge par ses œuvres; elle le repousse!

Le scepticisme de Hume aboutit naturellement à l'indifférence en matière de religion. Il a enfanté *Candide* et la philosophie rieuse du 18e siècle; elle s'en méfie!

L'idéalisme de Descartes, tel même que Mallebranche l'avait modifié, s'accorde mieux avec l'idée d'un Dieu créateur qui nous a laissé le libre arbitre. Mais, de temps à autre, il étonne la raison; elle doute!

Le rationalisme de Kant, dû en grande partie à Leibnitz, s'appuie sur un principe religieux, modifie l'absolu, l'invraisemblance de quelques parties des autres systèmes. C'est vers celui-là qu'elle incline (1) !

(1) Se trouve-t-elle en présence d'un système désolant de morale qui s'est appuyé dans le dernier siècle sur *l'intérêt personnel*, et dont Helvétius a été l'apôtre ? un de ses chapitres de *l'Allemagne*, qui rend compte des opinions beaucoup plus saines de Jacobi, le flétrit éloquemment, par ce motif « qu'il étouffe l'idée du devoir, de la « conscience, de la divinité » ; et elle s'approprie en quelque sorte cette pensée d'un auteur allemand : *qu'il n'y a d'autre philosophie que la religion chrétienne !* Elle dit encore : « L'esprit se fatigue en vain dans ses efforts pour « escalader le ciel ; mais quoi de plus important pour « l'homme que de savoir s'il a vraiment la responsabilité « de ses actions ? Que serait la conscience, si nos habi- » tudes seules l'avaient fait naître, et si elle n'était que le « produit des circonstances de tout genre dont nous au- « rions été entourés dans notre enfance ? »

Même dans ses essais dramatiques, dans *Agar*, dans *la Sunamite*, elle parle de la divinité en femme qui a la foi. « Dieu, dit-elle, n'a ni faiblesse, ni crainte ; il est sou- « verainement bon, parce qu'il est tout-puissant. — Oses- « tu contester avec l'Eternel et juger ses desseins ? Ils sont « placés dans les hauteurs des cieux ; qui pourrait y at- « teindre ? Ils pénètrent dans les profondeurs des abîmes ; « qui les y découvrira ? »

4

Arrêtons-nous un instant ; plaçons ici une observation qui se rattache au sujet et qui a son côté philosophique, en montrant que, hors de certaines voies, il n'y a qu'incertitudes, abîmes, chaos, et que la Providence se joue presque toujours de notre folle présomption ! Descartes parle d'idées innées ; et toute la France, toute l'Europe applaudissent, en criant *au grand homme!* Un demi-siècle ne s'est pas écoulé, que deux systèmes contraires surgissent et que leurs auteurs sont tour à tour *le Messie* appelé à éclairer le monde ! Plus tard, Kant se présente, provoque dans les camps opposés de nombreuses défections ! Et voilà qu'aujourd'hui, dans une chaire de philosophie, dans la plus éminente de toutes (1), on invoque l'*éclectisme,* en se demandant de quel côté est la vérité ! comme si elle était impossible à trouver, ou, plutôt, n'était pas du seul côté qui nous offre un avenir et une espérance !

Revenons à Mme de Staël. Si, dans ses *Lettres sur Rousseau,* dans son *Traité sur l'influence des passions,* dans *Delphine,* elle a été sceptique et moraliste un peu relâchée, ses *Réflexions sur le suicide, Corinne, l'Allemagne* nous la présentent sous les traits d'une chrétienne sincère. Ses croyances religieuses percent surtout dans la partie de ce dernier ouvrage où elle a comme enchâssé toutes ses idées philosophiques ; et c'est un tableau digne d'intérêt, propre à inspirer d'utiles réflexions, que celui d'une femme vouée au

---

(1) Celle de M. Cousin.

culte de la liberté ; qui en a été le martyr, en quelque sorte, et qui a fait marcher de front une foi vive se produisant par la parole et par les œuvres ! Par les œuvres, disons-nous, ainsi que par la parole ; car Mme de Staël a proclamé sa foi, et a pratiqué. Elle a répondu souvent à ceux qui lui exposaient des systèmes de métaphysique, de morale, obscurs, dangereux : *l'Oraison dominicale vaut mieux que tout cela!* et c'était sa prière habituelle, comme l'*Imitation de Jésus-Christ* était sa lecture pieuse ! Elle s'est éteinte en bonne protestante, répétant l'une, lisant l'autre, laissant autour d'elle le souvenir consolant d'une femme forte selon le monde et selon Dieu.

Nous voici à la dernière partie de l'éloge de Mme de Staël. Ici, quelle transition nous est imposée! Après avoir fermé sa tombe et y avoir déposé un grave laurier, nous relever, reprendre la plume, passer de la politique à la poésie, de la morale au roman! Mais c'est pour revenir à cette tombe et y placer un nouveau laurier! Une telle pensée nous soutient et nous enhardit.

Dans la littérature, les femmes ont souvent marché nos égales. Quelquefois même, elles ont su donner à leurs œuvres un naturel, un charme, une perfection que nous désespérons de jamais atteindre. Le paganisme l'avait pressenti : sa fiction des neuf Muses groupées sur le Parnasse, autour d'Apollon, n'est-elle pas un ingénieux hommage rendu d'avance à la flexibilité, à la grâce, à l'éclat des talents divers que devaient déployer d'âge en âge nos redoutables émules?

Dès l'aurore de la civilisation, en effet, dans l'éloquente et poétique Grèce, Sapho soupire en beaux vers les mêmes amours qu'Anacréon a si bien chantés ; Corinne dispute, et, cinq fois de suite, enlève la palme de l'ode à Pindare ; l'étonnante Aspasie, après avoir ouvert sa maison à tous les talents, s'éclaire aux leçons de Socrate, aux entretiens de Platon, enseigne, dit-on, l'art oratoire à Périclès, dirige avec lui la politique des Athéniens, monte à la tribune aux harangues pour célébrer une de leurs victoires, se défend elle-même et triomphe dans une de ces accusations d'impiété où succomba plus tard la sagesse personnifiée.

Franchissons l'espace et arrivons au grand siècle. Quelle succession d'enchantements y remarquons-nous ? Des Condé, des Corneille, des grands hommes pour toutes les carrières ! Et, auprès d'eux, une Sévigné pour faire oublier Voiture, Balzac et Saint-Evremont ; une Dacier, pour traduire, commenter et défendre Homère ; une Lafayette, pour abréger *l'Astrée* et nous révéler le secret des bons romans ; une Scudéry, pour remporter le premier prix d'éloquence qui ait été décerné par l'Académie française ; une Déshoulières, pour imiter Théocrite et esquisser la tragédie ; une Ninon (celle dont la vieillesse devina Voltaire), pour continuer la maison d'Aspasie et créer *l'esprit de conversation !*

Un dernier pas à côté des Duchâtelet, des Riccoboni, des Bernard, des Lespinasse, des Tencin, des du Deffand, des Necker, nous conduit à l'époque actuelle. Et, sans soulever le voile dont leur modestie demande à se couvrir, que de femmes dont la plume, toujours gracieuse, souvent admirable, vient à chaque instant nous étonner, nous inquiéter même, nous faire douter de notre supériorité littéraire !

Ce qui plaît aux dames, ce n'est plus ce qu'au temps de la reine Berthe (s'il faut en croire un de nos plus aimables conteurs) la fée Urgèle aurait dit à l'oreille d'un beau chevalier ! Ce qui leur plaît aujourd'hui, c'est le culte des Lettres, ce sont les luttes où, valeureuses Clorindes, elles viennent nous prendre corps à corps, et nous faire reculer ou chanceler ! Comédies, romans, morale, poésie, concours académiques, les femmes ont tout abordé ; elles ont presque tout envahi ; et pour en donner un exemple approprié à ce sujet, qui a le mieux peint Mme de Sévigné ? qui a chanté Molière le plus noblement ? qui a le plus approché du but, quand ce but était l'éloge du grave Pascal (1) ? N'avons-nous pas à redouter désormais, nous tous qui osons aspirer à la palme académique, de n'être plus que des prétendants éconduits ou des lauréats émérites ?

Cependant, telle a été Mme de Staël, qu'elle peut se présenter sans crainte dans cette arène. Elle ne s'y placera pas toujours au premier rang, mais elle y figurera comme une encyclopédie vivante où, si tout n'est pas parfait, tout, au moins, mérite d'être lu ! Elle a fait un *Eloge de Guilbert*, qui honore sa plume de

---

(1) Mme Tastu, — Mme Louise Collet, — Mme ***.

vingt ans. Dans la tragédie de *Jeanne Gray* (1), dans la comédie de *Sophie, ou les Sentiments secrets*, ouvrages de sa première jeunesse, on trouve de beaux vers, un touchant intérêt, quelques situations dramatiques bien ménagées. Ses *Lettres sur Rousseau*, son *Essai sur les traductions*, sa *Vie privée de M. Necker* (2), ses articles biographiques d'*Aspasie*, *Cléopâtre* et *le Camoëns*, sont remarquables par l'élégance et la chaleur du style, quelquefois par la sagesse et la régularité du plan. Quatre ou cinq drames et comédies en prose (3), quelques épîtres (1), quelques traductions en vers complètent deux gros volumes de mélanges ; et com-

(1) Outre *Jeanne Gray*, Mme de Staël a fait une tragédie de *Montmorency* qui n'a pas été imprimée, et dans laquelle Mme Necker de Saussure a remarqué de belles scènes, un rôle de Richelieu bien tracé. Mme de Saussure pense que l'amitié de Mme de Staël pour M. le vicomte de Montmorency a pu influer sur le choix qu'elle avait fait de ce sujet. Elle pense aussi que le même motif a arrêté l'impression de cette œuvre.

(2) Benjamin Constant, dans la préface de sa tragédie de *Walstein*, a fait un grand et juste éloge de cette *Vie privée*, où il y a mieux que de la piété filiale ; dont le plan et le style sont irréprochables ; où on ne la voit jamais, comme dans *Delphine*, parler de ce qui est *inconvenable* !

(3) On voit dans la *Vie privée de M. Necker*, par sa fille, qu'il a fait aussi des comédies et un roman intitulé : *Les suites d'une faute;* on peut donc réellement dire que dans toute sa carrière, politique, philosophique et littéraire, Mme de Staël a marché sur les traces de son père.

bien d'auteurs, avec ce seul cortége, croient passer à la postérité ! Elle est morte, enfin, en songeant à nous donner un poème épique dont Richard Cœur de Lion aurait été le héros (2).

Néanmoins, on doit se dispenser d'analyser avec plus de détails les beautés ou les défauts de ces nombreux mélanges. Cette partie des œuvres de Mme de Staël ressemble un peu à la science physique et astronomique de Voltaire ; elle n'est qu'un faible accessoire de son talent (3). Il est à regretter cependant de n'y pas y trouver ses lettres. Sans offrir le même charme, la même perfection que celles de l'*Inimitable*,

---

(1) Il y a de beaux vers et de nobles sentiments dans l'*Epître au malheur*, qui exprime bien tout l'effroi, toute l'horreur que le régime de la Terreur avait inspirés à Mme de Staël. La plupart de ses traductions de poésies anglaises et italiennes semblent leur prêter un nouveau charme.

(2) Mme de Staël le dit dans ses *Dix ans d'exil*, elle songeait à un poème sur *Richard Cœur de Lion*, destiné à peindre la nature et les mœurs de l'Orient. Elle se proposait d'aller en Syrie et en Sicile pour suivre les traces de son héros ; sa mort prématurée ne lui a permis de faire ni le voyage, ni le poème, et c'est fâcheux. Au point où son talent était parvenu, pénétrée comme elle l'était de l'*Iliade*, du *Paradis perdu*, de la *Messiade*, de *Roland furieux*, de la *Jérusalem délivrée*, elle pouvait s'élever à l'épopée. D'ailleurs, la Syrie, vue et décrite par elle, aurait déjà offert un vif intérêt.

(3) Pour n'omettre aucun détail d'un portrait que nous aurons bientôt à reproduire à propos de son roman de *Co-*

elles auraient étincelé sans doute de quelques-unes de ces vives saillies, de quelques-uns de ces traits piquants qui ont rendu sa conversation si célèbre ; à moins toutefois que son esprit n'eût besoin d'être excité par la contradiction, comme ces matières sulfureuses ou électriques qui ne s'enflamment qu'au contact d'un autre corps, et qui alors éblouissent ! Mais, au défaut de ses lettres, combien d'autres titres littéraires dont elle peut s'enorgueillir, et qu'elle a rassemblés dans l'*Influence des passions sur le bonheur des individus*, dans *la Littérature considérée dans ses rapports avec les institutions sociales*, et dans les deux premiers livres de *l'Allemagne* ?

Peu de chose à dire cependant du premier de ces ouvrages, dont nous avons déjà indiqué les traits les plus saillants, et qui, d'ailleurs, est resté inachevé. Mme de Staël n'y a point examiné, comme elle se l'était proposé, l'influence des passions sur le bonheur des nations : elle a donc comme répudié la partie la plus importante de son œuvre, celle qui eût offert le plus d'intérêt. Enfin, faut-il le rappeler ? elle n'a pas trouvé

---

rinne, Mme de Staël n'avait pas eu, comme Voltaire, la prétention de mieux jouer la tragédie que Lekain ; mais grâce à d'heureuses dispositions et à quelques leçons de déclamation qu'elle avait reçues dans sa jeunesse, elle était parvenue à avoir l'entraînante chaleur de l'Orosmane de Ferney, avec moins d'exagération théâtrale. Elle avait appris aussi à jouer agréablement la comédie, à tirer un grand parti de sa belle voix ; et elle s'était ainsi préparée à réunir en elle tous les enchantements de Corinne.

le vrai contre-poids des dangereuses passions auxquelles nous sommes livrés, lorsqu'elle a conseillé de leur opposer *la mélancolie!* Philosophes sceptiques, ouvrez le *Manuel d'Epictète*; philosophes chrétiens, l'Evangile vous suffit (1) ! Ce traité renferme néanmoins un chapitre remarquable, celui intitulé : *De l'esprit de parti.* Il peint bien à quels excès ce travers politique peut pousser les hommes d'Etat les plus éminents : et quand Mme de Staël y rappelle l'aveuglement du côté droit de l'Assemblée nationale, repoussant les transactions que lui proposaient les royalistes constitutionnels, préférant les exagérations fanatiques de l'abbé Maury à la modération éclairée de Malouët, et préparant ainsi le 10 août, on s'incline devant ses réflexions presque prophétiques ; on se demande involontairement si, à deux autres époques de notre Histoire, l'esprit de parti n'a pas été aussi inconsidéré, aussi coupable (2) ?

(1) C'est l'observation très juste de M. de Châteaubriand dans une lettre à M. de Fontanes, où il critique cette partie de l'ouvrage de Mme de Staël.

(2) On doit rappeler ici le reproche qui a déjà été adressé à Mme de Staël, celui d'avoir fait souvent, même dans ses ouvrages les plus importants, des pièces de marqueterie ; de s'être livrée, enfin, à beaucoup de digressions plus ou moins étrangères à son sujet ; et ce défaut se fait remarquer encore dans *l'Allemagne* comme dans *la Littérature.* Pour l'expliquer, elle aurait répondu en riant à une de ses parentes, Mme Necker de Saussure, que ses plans, et ses ouvrages même, elle les composait *dans sa voiture ou dans sa chaise à porteurs !* Mais l'amitié peut seule se payer de cette excuse.

Entreprendre un *Traité sur la Littérature considérée dans ses rapports avec les institutions sociales*, c'était, à quelques égards, oser plus que Laharpe dans son *Cours de Littérature*. La pensée seule de cet ouvrage donne la mesure de la hauteur d'esprit de Mme de Staël; la manière dont elle l'a rendue explique quelle était alors la direction de ses idées littéraires et politiques.

Cette époque est celle de l'an 8, où quelques personnes, trop préoccupées peut-être des conséquences premières de la Révolution, tremblant encore devant l'échafaud, jetaient un regard de regret sur le passé, cherchaient avec anxiété ce qu'étoient devenus la morale, la religion, la famille, tous les liens sociaux! Où d'autres, couvrant d'un voile le passé, s'élançaient avec ardeur vers un avenir qui leur semblait plein d'espérance et proclamaient, les yeux fermés, la perfectibilité indéfinie, sociale et politique, morale et littéraire de l'espèce humaine. Mme de Staël dût se rattacher à cette dernière opinion. Tout en maudissant la Terreur, elle repoussait l'ancien régime; elle était encore pénétrée, imbue des principes philosophiques de ses premiers guides, des Gibbon, des Raynal, des Thomas, des Marmontel. Elle n'éprouvait qu'une crainte, celle que lui avait inspirée l'avénement du Consulat, et qu'elle a exprimée dans son livre; « celle que la liberté et l'égalité ne nous fus-
« sent bientôt ravies! Ne pouvant cependant, pour-
« suit-elle, renoncer à l'espoir qu'elles soient encore
« possibles pour nous, elle se propose d'examiner

« l'influence que leurs principes auraient sur les lu-
« mières et sur la littérature. » De ce point de départ,
elle s'élance à la recherche de la perfectibilité morale
et littéraire ; et elle est ainsi conduite à parcourir le
champ immense et riche de toutes les littératures, de
toutes les philosophies anciennes et modernes, depuis
Homère et Pythagore jusqu'à Shakespeare et Bacon,
depuis Démosthènes jusqu'à Mirabeau.

Quel savant, tout à la fois littérateur et philosophe,
n'aurait pas reculé, ou du moins hésité devant une
telle œuvre? Quel prodige d'érudition n'en aurait
négligé aucun détail et aurait échappé à toutes les
difficultés ou contradictions qui naissent du sujet
même? Comment faire croire à la perfectibilité littéraire lorsque, dans l'épopée, on débute par l'Iliade et
qu'on s'arrête à la Henriade ; lorsque, dans l'éloquence,
Démosthènes et Cicéron sont restés nos deux termes
de comparaison ; lorsque, dans l'Histoire, on nous dit
encore : Imitez Xénophon, admirez Tacite? Comment
y faire croire en philosophie, lorsque, tenant d'une
main Platon et Aristote, de l'autre quatre systèmes
modernes qui s'entre-détruisent, nous en sommes
toujours à nous demander, avec les sceptiques de l'an-
tiquité, quelle est l'origine de nos idées, et que nous
sommes condamnés à nous réfugier dans l'éclectisme?
Si, enfin, de la littérature, de la philosophie, on
passe à la morale, à la politique même, l'expérience,
ce grand maître qu'on ne veut presque jamais écou-
ter, mais dont il faut finir cependant par accepter les
leçons, ne justifie-t-elle pas ceux qui ont douté de

notre perfectibilité? Questions ardues et douteuses, dans tous les cas, au travers desquelles on doit presque toujours s'égarer !

C'est ce qui serait arrivé à Mme de Staël, d'après quelques critiques dont l'autorité est grave (1). Mais soyons justes, et disons ici ce qu'on a dit de beaucoup d'œuvres des plus grands maîtres : Heureux qui se trompe ainsi ! heureux qui a appris, qui possède tant de choses, et qui sait en faire un faisceau où tout le monde peut aller puiser d'utiles lumières !

Laharpe n'avait pas connu la littérature allemande, ou il l'avait dédaignée (2) ; dans son *Cours*, il lui consacre à peine quelques pages. Mme de Staël a voulu la venger de cet oubli ou de cet injurieux mépris, et *l'Allemagne* nous la présente dans son ensemble : ode, épopée et roman, tragédie, drame et comédie.

Il fallait d'abord la caractériser, et Mme de Staël la classe parmi celles que, dans son *Traité sur la littérature*, elle avait appelées *mélancoliques*, qui, elle le pense, appartiennent plus spécialement aux peuples du Nord, qui préfèrent la lyre d'Ossian à celle d'Homère

(1) MM. de Fontanes et Châteaubriand.
(2) Il est impossible de rapprocher le nom de Mme de Staël de celui de Laharpe sans indiquer la réponse piquante et spirituelle qu'elle lui avait faite, dit-on, à un souper où, placé entre elle et Mme Récamier, il se félicitait d'avoir à ses côtés *l'esprit et la beauté :* « Merci, répliqua « Mme de Staël, c'est la première fois que j'entends dire » que je suis une jolie femme !» laissant ainsi à Mme Récamier la plus belle part de ce maladroit compliment.

ou à celle de nos poètes français. Mais n'est-ce pas là encore un de ces systèmes absolus, et difficiles dès lors à justifier, pareils à ceux qu'on a successivement inventés pour expliquer l'origine de nos idées ! D'après Mme de Staël elle-même, Lessing n'a-t-il pas persifflé Voltaire comme Voltaire persifflait dans ses meilleurs jours ? A côté de Lessing, Winkelmann n'a-t-il pas déployé un atticisme, une connaissance des Beaux-Arts que personne n'a surpassés ? L'Angleterre, malgré ses brouillards, n'a-t-elle pas eu des Pope, des Thompson, des Rochester, des Swift, des Fielding ?

Quoi qu'il en soit, mélancolique, homérique ou française, la littérature allemande était aussi bonne à connaître que sa philosophie ; et Laharpe n'eût ni mieux fait, ni mieux dit que Mme de Staël. En assignant devant elle cet aréopage de poètes à cheveux blancs qu'elle avait pour la plupart connus, interrogés, étudiés, Goethe, Wieland, Schiller, et tant d'autres, elle s'est montrée digne de les juger. Seulement, c'est peut-être parce que notre aristarque était mort, et ne pouvait pas l'en gronder ou s'en indigner, qu'aux applaudissements d'une partie de la génération actuelle elle semble adopter les héros *enfants au premier acte et barbons au dernier*, et faire un peu le procès des trois unités, sous la tyrannie desquelles Schiller et Werner, dit-elle, n'auraient pas pu créer, l'un, *Jeanne d'Arc* et *Guillaume Tell* ; l'autre, *Luther* et *Attila !* Elle a deviné et absous d'avance le drame français moderne.

On ne saurait quitter cet ouvrage de *l'Allemagne* sans faire observer tout ce que la littérature et la philosophie de cette contrée doivent à Mme de Staël. Pénétrant la première dans ce qu'on peut appeler les sombres et mystérieuses forêts de la Germanie, elle en a découvert les nombreux trésors, a séparé l'or de l'alliage. Elle nous a appris, à côté de quelques abstractions, de quelques obscurités, tout ce qu'il y avait de profondeur dans les idées philosophiques allemandes. Elle nous a fait sentir combien de grandeur, d'élévation, de connaissance du cœur humain, se joignait sur ce théâtre à l'oubli de certaines règles de l'art et du goût. Après elle, beaucoup d'autres ont exploité cette mine ; elle a eu la gloire d'en avoir indiqué les riches filons. Quand elle a parcouru et étudié l'Allemagne, nous ne la connaissions que par nos victoires. Elle nous en a montré les bons, les brillants côtés. Elle nous a même fait pénétrer dans la vie intime de ses habitants, nous a initiés à leurs mœurs, à leurs habitudes, à leur caractère ; elle nous a décrit, enfin, une partie de l'histoire de cette contrée, nous a dépeint un grand nombre de ses hommes les plus célèbres. Voyageur exact et consciencieux, en même temps que moraliste et littérateur, elle a tout vu, tout observé, et n'a rien oublié. Aussi l'Allemagne reconnaissante lui a su gré de tout ce qu'elle en a dit, lui a pardonné jusqu'à des critiques, où perçait sa bienveillance pour une nation grande, bonne, éclairée !

Passons enfin à ces *fictions* auxquelles Mme de Staël a cru devoir consacrer une partie de son talent. Elle avait cherché à en tracer la théorie dans un *Essai* où elle a fait preuve d'érudition, et qui est plein de remarques judicieuses. Elle a mieux réussi encore dans l'application. Cependant, quatre ou cinq nouvelles qu'on trouve en tête de ses œuvres ne sont qu'une faible ébauche : l'invention comme l'exécution trahissent une plume novice et tremblante.

Delphine est plus digne de Mme de Staël. Ce roman lui a été inspiré par une pensée de sa mère qui a son côté vrai et son côté paradoxal : celle qu'*un homme doit savoir braver l'opinion et une femme s'y soumettre.* Le piquant et la variété des caractères, la supériorité de celui de Mme de Vernon (odieux, mais malheureusement vrai), l'intérêt des premières scènes, le charme presque continu du style, attachent et intéressent le lecteur. Mais on regrette que les imprudences répétées, accumulées de Delphine, soient de nature à *impatienter !* On s'étonne que Léonce, homme supérieur sous tant d'autres rapports, se laisse tromper si lontemps par les apparences, et se refuse, sous de vains prétextes, à toutes les explications qui pourraient l'éclairer. On est peiné de ce luxe de déisme, de divorce, de refus de se confesser, d'enlèvement et de mariage de religieuse, de violences presque grossières, qui se trouve rassemblé dans la dernière partie du roman (1). Aussi,

---

(1) Pour le dénouement, à ne considérer que le genre de mort de Delphine, le premier valait bien le second. Mme de Staël paraît avoir cédé aux scrupules de ceux qui lui reprochaient d'avoir eu recours au poison ; mais dans un roman on peut bien se permettre les mêmes hardiesses qu'au théâtre, où nous sommes tous les jours en

malgré ses beautés incontestables, cette production fut amèrement critiquée (1); et Mme de Staël dût reposer mal à son aise sur l'oreiller de Delphine, d'où elle entendait le concert d'éloges donné à M. de Châteaubriand, à MM^mes de Genlis et Cottin; d'où elle voyait les suaves images d'Atala, de René, de la duchesse de la Vallière, de Mlle de Clermont, de Malek-Adhel; mais elle ne fut pas découragée, au contraire! Elle se rappela l'épître de Boileau à Racine, le Cid et Cinna, Andromaque et Britannicus; elle se replia sur elle-même, et créa Corinne!

Pour faire réussir cette œuvre, pour lui assurer le premier rang, où, du moins, le lui faire partager, Mme de Staël n'avait qu'une chose à faire : recommencer son portrait, se mieux connaître, ne rien oublier, et se mettre en scène avec toutes les qualités dont une prodigue nature l'avait pourvue : rare talent d'improvisation, voix remarquable et exercée, déclamation

---

présence du bûcher de Didon, de l'aspic de Cléopâtre, du poignard de Palmyre !

(1). Voici ce qu'en dit Mme de Staël elle-même dans *Dix ans d'exil* : « Un symptôme de la malveillance de Bona-
« parte envers moi, ce fut la manière dont les journaux
« français traitèrent mon roman de *Delphine* ; ils s'avisè-
« rent de le trouver *immoral !* On pouvait y trouver tout
« au plus une fougue de jeunesse et une ardeur d'être
« heureuse que les années m'ont appris à diriger d'une
« autre manière. »

Ce reproche *d'immoralité* lui fut pénible, on le comprend.

théâtrale, formée sur les grands modèles, sensibilité exquise, âme de feu, cœur accessible aux plus nobles résolutions ; tout cela soutenu par le prestige d'une instruction vaste et brillante ! Ainsi dotée des plus riches trésors, cette Corinne n'était pas, comme on l'a dit, l'idéal (1) de Mme de Staël ; elle en était bien la réalité ! C'était le portrait de Rubens peint par lui-même !

Pour en faire un être accompli, il ne lui manquait que la beauté ! Mme de Staël lui donna son magnifique regard, sa noble pose, son beau geste ; le reste, elle fut le demander au ciel de l'Italie, en regrettant peut-être que, sur un seul point, la ressemblance ne fût pas parfaite ; car, dans toute la sincérité de son cœur, malgré tant d'autres séductions entraînantes et dont l'attrait était, dit-on, *irrésistible*, plusieurs fois cependant, à ce qu'on assure, elle aurait exprimé le regret de n'être pas précisément une jolie femme !

Telle fut l'héroïne que Mme de Staël, après quatre ans de méditations, de voyages et d'études, offrit à nos regards enchantés ; telle fut la Galatée qui, sculptée par son habile ciseau, reçut d'elle la vie et l'inspiration poétique ! Que Corinne promène sa beauté du Capitole au Colysée, du tombeau de Virgile à Pompéïa, de la prison du Tasse au *Pont des Soupirs*, dès qu'elle paraît il faut l'adorer ; dès qu'elle parle, l'admirer ! Qu'elle

---

(1) Expressions de la Notice de Mme Necker de Saussure.

franchisse en tremblant une lave brûlante, ou soit mollement assise dans une gondole ; que, chaussant le cothurne tragique, elle représente la malheureuse amante de Roméo ; que le front ceint du masque de Thalie, elle joue l'opéra comique ; que, la harpe en main, elle redise le chants de Cimarosa ou de Paësiello, le charme attaché à sa personne, à son entretien, est toujours indéfinissable ! Autour d'elle tout parle, tout a une âme ! Heureux l'Oswald qui peut parcourir avec elle ces merveilles de la nature et des arts, annoblies, agrandies par son magnifique langage, par son magique enthousiasme ! Après avoir lu *Corinne*, celui qui n'a pas encore vu l'Italie ne soupire qu'après le jour où il pourra l'aller visiter ; et quiconque connaît déjà cette poétique contrée brûle d'aller la revoir en compagnie d'une Corinne ! Président Debrosse, président Dupaty, voyageurs encore plus modernes, malgré tout votre esprit, malgré votre savoir incontestable, vous ne vous êtes pas inspirés de la belle Italie comme Mme de Staël ! Vous vivrez, elle régnera !

Et le tendre intérêt, l'admiration qu'on a éprouvés pour Corinne quand elle rayonnait de gloire, quand elle se croyait aimée, deviennent pitié et indignation lorsqu'on la voit traîner ses craintes d'amour en Ecosse, renvoyer le gage de sa foi à l'amant qui l'a délaissée, et revenir s'éteindre à Florence, pardonnée, pleurée par sa rivale, après avoir fait entendre un dernier chant aussi noble, aussi pénétrant que celui par lequel a commencé le roman ! On cherche en vain une tache à cette création de Corinne, tout à la fois si nouvelle, si originale, si dramatique. Elle a arraché bien des larmes, elle a désarmé tous les critiques de bonne foi. La Clarisse de Richardson, la Julie de Jean-Jacques, la princesse de Clèves de Mme de Lafayette, et mille autres inutiles à rappeler, sont restées dans la voie commune : celle de la beauté unie à beaucoup d'amour ou de vertu. Corinne, seule, s'offre à nous comme une émanation du génie des arts, comme une étincelle de ce feu divin qui brille au flambeau de l'amour et de Prométhée. Voyez en Angleterre le plus fécond et le plus célèbre de ses romanciers modernes ! Il a donné, certes, des grâces bien touchantes à cette *Amy* du *Château de Kenilwoorht* qui demande si jamais dame, les pieds dans ses pantoufles, a pu être refusée par un loyal chevalier ; il inspire, à coup sûr, une noble pudeur, dans *Woodstock*, à cette *Alice Lee*, qui plie le genou devant son roi, croise les mains et lui reproche ses projets de séduction ; dans *Ivanhoé*, il fait sans doute de *Rebecca* un remarquable modèle d'amour timide et profond, d'héroïque courage, de constance sans espoir ! Mais ce ne sont que les esquisses d'un grand maître : le tableau reste inachevé. Dans *Corinne*, au contraire, rien ne manque à sa perfection, quant au sujet principal et à la plupart des épisodes !

Que dire d'Oswald, de cette reproduction embellie et trop fidèle, cependant, du Léonce de *Delphine ?* Ici, du moins, on a présenté avec art les nombreux incidents qui lui servent d'excuse ; et l'on finit par plaindre sincèrement cet amant trompé, enchaîné, désabusé, inconsolable (1) !

Un style poétique quand la situation le commande, passionné lorsque l'amour parle, vif et naturel dans les descriptions, presque toujours irréprochable, d'ailleurs, vient jeter un nouvel éclat sur cette belle conception. « Il suffit de *Corinne*, on l'a fait observer avec « raison (2), pour marquer la place de Mme de Staël « parmi nos grands écrivains. »

Corinne n'avait pas paru, lorsque M. de Fontanes lui a dit (3), avec une politesse qui laissait percer la sévérité, et sous laquelle se cachait peut-être déjà une pensée *consulaire*, « que l'art de parler et l'art d'écrire « étaient très différents. » C'est son roman à la main qu'elle lui a répondu! *Corinne*, au surplus, avait été publiée lorsque M. de Châteaubriand lui a prédit (4) « qu'elle ajouterait un nom à la liste de ceux qui ne

---

(1) Il faut bien le dire, en général ces héros sur le modèle d'Enée, qui n'aiment qu'à demi, qui croient devoir obéir aux ordres d'un père ou du Destin, ne réussissent pas mieux dans un roman qu'au théâtre. Quoi qu'ait pu en dire le législateur du Parnasse, un amour de *remords combattu* intéresse peu ; quand il finit par l'abandon, il révolte. Pour les femmes, surtout, Enée et Oswald sont presque des monstres !

(2) Dans sa Notice biographique, par les frères Michaud.

(3) Dans *le Mercure de France* de 1800, en parlant de son *Traité sur la littérature.*

(4) Dans le vingt-unième volume de ses OEuvres complètes.

« doivent pas mourir ! » Personne n'appellera des décisions de ce juge éminent et impartial.

Nous comprenons donc très bien que Mme de Staël, avec un *laisser-aller* qui la caractérise, ait parlé souvent et sérieusement, même dans une lettre à l'Empereur, de *son esprit*, de sa célébrité, de *son talent* (1) ! Et nous comprenons encore mieux ce second roman, dont un trait de la compatissante bonté de Mme de Staël remplit la première page ; où l'on voit un Oswald de vingt-trois ans (M. de Rocca), subjugué par toutes les qualités séduisantes de cette Corinne de quarante-cinq ans, dire d'elle : *Je l'aimerai tant, qu'elle finira par m'épouser !* oublier la différence des âges, persévérer, partager son dernier exil, se faire agréer, et embellir par sa tendresse les derniers jours d'une vie à tous égards remarquable (2) ! Ce fut là, sans doute, le plus doux des nombreux triomphes de Mme de Staël.

Mettons un dernier ornement à sa toilette ; transportons-nous dans son salon.

---

(1) Cette lettre à l'Empereur, où elle dit : « Si le ciel m'a donné du talent...... » se trouve dans le huitième volume des *Mémoires d'Outre-Tombe* de M. de Châteaubriand.

(2) M. de Rocca, jeune homme de vingt-trois ans, a connu Mme de Staël à Genève, en 1810. Reconnaissant des attentions qu'elle avait eues pour lui pendant une maladie grave, cédant aussi à l'attrait irrésistible qu'elle inspirait, il dit, en effet : *Je l'aimerai tant, qu'elle finira par m'épouser !* Son espoir s'est réalisé : il a été époux et père. Il n'a survécu qu'un an à Mme de Staël.

Quand Buffon et Bernardin de Saint-Pierre nous font lire une prose harmonieuse et bien élaborée, où la force de la pensée s'unit à la richesse des expressions, ils plaisent, ils étonnent, ils n'entraînent pas. Quand l'abbé Raynal et Jean-Jacques (1), avec une plume plus pénétrante, plus acérée, cherchent à exciter d'ardentes passions, ils approchent du but, ils ne l'atteignent pas toujours. Et cette réflexion s'applique heureusement au folliculaire qui, maniant tour à tour l'injure, le paradoxe et la calomnie, du fond de son cabinet pousse incessamment à l'émeute ; son cri de guerre n'a plus un long et dangereux retentissement.

Mais que ce folliculaire, devenu orateur, monte sur une borne ou sur un tréteau, et harangue la multitude, à Rome il la conduira au mont Aventin, en France il la mènera..... Dieu sait où ! Qu'un Père Bridaine, du haut de la chaire apostolique, vienne lancer au milieu de ses auditeurs les éclairs d'une éloquence inculte et non préparée ; qu'un autre prédicateur, encore plus habile, leur jetant à la face, et comme au hasard, ce qu'il appelle *l'insolence* de ses paroles, et ces noms étranges (2) qu'on s'étonne d'entendre retentir sous la voûte des parvis saints,

---

(1) Telle est la différence que Mme de Staël a aussi marquée, dans ses *Lettres sur Rousseau*, entre son éloquence et celle de Buffon. « L'éloquence de M. de Buffon, a-t-elle
« dit, ne peut appartenir qu'à un homme de génie, la
« passion pourrait élever à celle de Rousseau ; l'un choisit
« ses expressions, elles échappent à l'autre. »

(2) Ceux de Napoléon et de Mahomet.

les enlace ensuite dans les replis de sa dialectique d'inspiration, bien des têtes se courberont, bien des pénitences s'accompliront! Qu'un Mirabeau, escaladant la tribune, nous menace de la banqueroute; qu'un Vergniaud y improvise son oraison funèbre et celle de tous les Girondins; que nos orateurs modernes les plus éprouvés s'y succèdent pour discuter toutes les questions de notre brûlante politique et lutter d'harmonie, de dextérité, de haute raison, assemblée et spectateurs passeront de la surprise à l'admiration, de l'émotion à l'enthousiasme!

Telle est, en effet, la puissance spontanée et irrésistible de la parole, opposée à l'action lente de la plume, quand ce premier et redoutable instrument est confié à des mains habiles; l'une prie, l'autre ordonne : la plume lime le fer, la parole l'arrache ou le brise!

Maintenant donc, représentez-vous Mme de Staël, avec ses inspirations prophétiques, avec les connaissances qu'elle a acquises par ses lectures, par ses voyages, avec le regard inspiré, le geste rapide, le port majestueux que lui ont donnés ses distractions théâtrales, avec la brillante facilité d'élocution que la nature lui a départie! Elle a cru à son esprit, à sa célébrité; elle les a en quelque sorte proclamés, et elle a besoin de prouver qu'elle sera ou qu'elle est la Corinne de son roman, qu'elle peut parler tour à tour littérature, beaux-arts, politique, philosophie! Non, ce besoin de briller, elle ne l'a point éprouvé; ce calcul d'amour-propre, elle ne l'a jamais fait; mais elle cède à son instinct, à son génie; et, se posant presque en orateur devant sa cheminée, entourée d'un cercle nombreux, attentif et charmé, la voilà qui discute un projet de loi, traite une question de morale, de religion ou d'éducation, juge la nouvelle tragédie, décide de la paix ou de la guerre, cite Milton, Pétrarque et Tacite, tâche d'accorder Kant, Hume, Condillac et Descartes, provoque l'un, répond à l'autre, et voit ses bons mots, ses saillies, *devenir quelquefois proverbes en naissant!* Une telle femme n'a-t-elle pas joui d'un privilége supérieur à celui de la beauté même; et n'a-t-elle pas été, tant qu'elle a vécu, la véritable *reine* de nos salons? « Pour la « rendre parfaite, a dit M. de Châteaubriand (1), il « aurait fallu lui ôter un de ses talents, *l'esprit de* « *conversation!* » On n'a eu garde, heureusement; nous n'aurions eu d'elle rien de mieux que *l'Allemagne* et *Corinne;* et elle ne nous aurait pas laissé le modèle d'un esprit passionné pour toutes les gloires, s'inspirant de toutes les grandes pensées, prodiguant des trésors d'heureuses et brillantes improvisations, c'est-à-dire éminemment français (2).

(1) Dans le vingt-unième volume de ses OEuvres complètes, page 399.

(2) Dans ses *Dix ans d'exil*, elle déclare que, depuis son enfance, « la *conversation* a été son plus grand plaisir! ». Et on conçoit, dès lors, tous ses succès de salons; on comprend aussi qu'on ait dit d'elle, à propos du chapitre de l'*Allemagne* sur *l'esprit de conversation*, « qu'elle y

Elle devait donc, elle plus que tout autre, enseigner, développer *l'esprit de conversation*, comme elle l'a fait dans un de ses chapitres de *l'Allemagne*, en rappelant que les Français sont les grands maîtres de cet art, en apparence frivole, en réalité si important, de savoir parler de tout avec grâce et convenance. Elle pouvait en raisonner mieux que personne, elle qui avait joint l'exemple au précepte, de qui Mme de Tessé disait : *Si j'étais reine, je lui ordonnerais de toujours parler!* et qui résume en elle seule l'épouse de Périclès, la vieille Ninon, Mme du Deffand, Mme Necker, et cette *abbaye* si célèbre, quoique si modeste, qu'une Parque cruelle vient de fermer au moment même où son plus noble flambeau s'éteignait (1).

Dès lors, on se demande quelle influence n'a pas dû exercer sur l'ère à laquelle elle a appartenu une femme si universelle, si étonnante? Mais, il faut le reconnaître, cette influence a été à peine sensible, et plusieurs causes y ont contribué.

La Révolution française, depuis son aurore jusqu'à l'Empire, a été un torrent que peu de personnes ont pu remonter ; trop heureux ceux qu'il a couchés paisiblement sur ses bords, sans les couvrir de sa boue ou de ses débris amoncelés ! Elle a dit avec l'Eternel (mais du bon comme du méchant) : *Je n'ai fait que passer, il n'était déjà plus!* Elle a emporté loin d'elle

avait confié tous ses secrets, sans avoir à craindre qu'on ne les lui dérobât. »

(1) A la mort de Mme Récamier et de M. de Châteaubriand.

et de nous Bailly, Barnave, Malesherbes, *Condorcet;* Roucher, Lavoisier, André Chénier, *Fabre d'Eglantine;* elle a fait promptement rentrer dans la vie privée MM. Necker, Malouët, Lally-Tollendal ; quand elle a cessé d'effrayer, elle n'a rendu aux lettres qu'une partie de la juste considération qui doit s'y rattacher ; et d'ailleurs, sous la République, Mme de Staël, jeune encore, n'avait pas bien marqué sa place dans la politique, la philosophie et les lettres.

L'Empire n'a eu qu'un grand homme, qui a tout absorbé ; qui a exigé que gloire littéraire, politique, tout lui fût rapporté ; qui a marché précédé de la Victoire, mais suivi par une police et une censure nécessaires peut-être à ce régime. C'est par hasard, ou par surprise, que *Corinne* a échappé à leur active surveillance ; *l'Allemagne* a été prise dans leurs filets. Les salons même de Mme de Staël ont été fermés ; pour qu'elle pût écrire et parler, il fallait la chute d'un colosse.

Vient la Restauration, qui a aussi sa censure et sa police, qui cependant lui permet d'écrire et de recevoir ses amis ; sous laquelle *l'Allemagne* est enfin publiée ; sous laquelle Mme de Staël se prépare à nous révéler toutes ses pensées politiques. Mais viennent aussi les maladies, puis la mort, et elle succombe avant d'avoir ouvert de nouveau sa maison, sans avoir mis la dernière main à ses *Considérations sur la Révolution française* (1), sans avoir même bien joui du succès de *l'Al-*

---

(1) C'est ce que rappelle l'éditeur de ses œuvres.

lemagne, succès qui n'a pu être que lent et raisonné, parce que ce bel ouvrage, reconnu pour tel aujourd'hui, mais où l'on trouve un peu de tout, est comme un de ces bouquets composés de mille fleurs odoriférantes, dont le parfum dominant n'est pas toujours facile à distinguer.

Hâtons-nous de le dire, enfin, sans être retenus par la crainte de déplaire au beau sexe : en politique, de nos jours surtout, les femmes ne doivent point se flatter de pouvoir arborer un drapeau et y rattacher un parti.

Depuis l'héroïne dont un pudique et noble ciseau a dernièrement reproduit les traits, on ne trouve pas dans notre Histoire une seule femme dont les entreprises politiques aient été couronnées par le succès. Marguerite d'Anjou, reine d'Angleterre, mais née Française, malgré son courage et sa persévérance est obligée d'aller mourir obscurément à la cour du roi René; cette Henriette, que Bossuet a immortalisée, ne peut pas sauver son époux de l'échafaud; les troubles de la Fronde s'apaisent, et les dames de l'hôtel de Rambouillet se trouvent réduites à opter entre Port-Royal ou le bel esprit! Depuis, et sous la monarchie absolue, pour pouvoir toucher à la politique il a fallu être une Maintenon ou une Pompadour. Sous tous les gouvernements nés de notre Révolution, l'Empire excepté, pour les influencer il n'aurait pas suffi d'un salon ou d'un gros livre; il aurait fallu cesser d'être femme et aborder la tribune.

La même réflexion s'applique aux sciences, à la

philosophie et à la littérature. Ici, cependant, point d'exclusion, la lice est ouverte à tous; mais, pour régner sur son siècle, il faut avoir ouvert les cieux, comme Galilée, Copernic et Newton; il faut, à l'aide du levier vainement cherché par Archimède, avoir soulevé le monde, comme Voltaire, Montesquieu, et peut-être Jean-Jacques Rousseau; il faut au moins l'avoir instruit et éclairé, comme Montaigne, Pascal et Châteaubriand !

Or, les femmes (qu'elles nous pardonnent encore cet arrêt) ne peuvent pas élever leur ambition jusque-là. En général, la science proprement dite les effraie; en philosophie, c'est tout au plus si, comme Mme de Staël, elles osent lire, traduire, commenter les pensées que d'autres leur transmettent. En littérature, elles imitent, embellissent, perfectionnent; mais elle ne créent et n'inventent pas. Voyez la plus féconde de toutes et l'une des plus instruites, des plus spirituelles, Mme de Genlis, qui est morte depuis peu, laissant autant de volumes que Voltaire, où l'on trouve de très belles et gracieuses pages : elle ne pourrait prétendre à la première place que dans le Roman! Voyez Mme de Sévigné, la plus digne à coup sûr d'un concours académique : son école ne serait que celle du style épistolaire. Tout a grandi, tout s'est agité autour d'elle, sans que dans son éloge, où rien n'a été omis cependant, on ait pu nous parler de l'influence qu'elle aurait exercée sur le grand siècle, moins dominateur cependant, moins absorbant que l'amalgame inouï d'une Monarchie expirante, d'une

République tourmentée par tous les orages, d'un Empire saturé de gloire et qui est tombé de si haut, d'une Restauration condamnée d'avance au suicide !

A qui du moins la comparer, cette femme dont la destinée fut si brillante et si traversée, qui a été si admirée, si critiquée, qui a tant écrit et sur tant de sujets différents, qui, par tant et de tant de côtés, a touché à la politique de la France ?

Ce n'est pas à Mme de Sévigné : leurs talents ont trop peu de ressemblance. Ce n'est pas à Mme de Genlis : quelque chose nous dit que ces deux noms ne doivent pas être rapprochés l'un de l'autre. Ce n'est pas non plus à cette Athénienne célèbre dont nous avons esquissé quelques traits empruntés à la plume de Mme de Staël elle-même : Aspasie n'a laissé qu'une tradition fugitive, elle n'avait rien écrit.

Rivarol pense que Mme de Staël « a été la seule « femme auteur qui, par la nature de son talent, ait « fait illusion sur son sexe ! » Mais quoique ce double parallèle ait été hasardé, elle n'a été ni un Voltaire, ni un Diderot. Personne ne peut être comparé à Voltaire ; et aucune femme ne doit ambitionner la renommée de Diderot, génie vaste, mais matérialiste !

Un autre parallèle serait-il permis ? Mme de Staël et M. de Châteaubriand, quoique partis des deux points extrêmes de l'horizon, ne se sont-ils pas rencontrés souvent sur le même terrain, dans la politique, la littérature, le roman, la religion même ? L'un et l'autre n'ont-ils pas eu la même soif de renommée ? N'ont-ils pas obtenu la même part de critiques et d'éloges ? N'ont-ils pas appartenu à la même génération ? N'ont-ils pas éprouvé des tribulations pareilles et cédé à des ressentiments tout aussi amers ? Serait-ce trop grandir celle-ci, trop rabaisser celui-là ?

Jugeons d'abord les caractères.

M*me* de Staël, née protestante, a professé pour ce culte un respect qui approche presque du zèle ardent avec lequel M. de Châteaubriand a célébré le catholicisme. Si celui-ci s'est montré fier de son blason, M*me* de Staël s'est plus enorgueillie encore des lettres de noblesse qu'elle croyait devoir à la renommée littéraire et politique de son père.

M. de Châteaubriand a préludé au *Génie du Christianisme* par son *Essai sur les révolutions*. M*me* de Staël, de son côté, a rétracté ou modifié quelques-unes des idées religieuses et morales qu'elle avait émises dans *Delphine* ou ailleurs.

Faut-il maintenant comparer les œuvres ?

Comme écrivains politiques, M*me* de Staël et M. de Châteaubriand ont également poussé à la chute de l'Empire, ont également prêché la fidélité aux principes constitutionnels. L'un et l'autre ont déployé dans cette double lutte la même énergie ou la même passion, ont employé les mêmes arguments, ont signalé les mêmes écueils !

Plaçons maintenant en regard *l'Allemagne* et *l'Itinéraire* : d'un côté, description de la Terre-Sainte et de quelques parties de la Grèce ou de l'Egypte ; de l'autre, sujet philosophique, histoire et littérature d'une grande partie de l'Europe. L'importance des ouvrages est donc au moins la même; et quant à l'exécution, sans revenir sur le jugement que nous en avons hasardé, *l'Allemagne* a été bien jugée par un maître en philosophie, M. Cousin, qui l'a qualifiée « un « beau livre d'une femme extraordinaire qui, à l'aide « de sa merveilleuse intelligence, nous a donné un « beau reflet de l'esprit général de la philosophie « allemande. » Sur *l'Itinéraire*, bornons-nous à rappeler tout ce qu'on en a dit dernièrement (1) en énumérant les autres gloires de son auteur : « Les « notes de son voyage, les restes des matériaux des- « tinés au poème des *Martyrs* ont servi à M. de Châ- « teaubriand pour écrire son *Itinéraire*, une de ses « compositions les plus goûtées ! »

Reste le dernier terme de comparaison. Ici, trois romans ou poèmes dont le triomphe des idées religieuses est le but, qui tendent, par des voies différentes, à nous élever de plus en plus en plus vers l'Etre des êtres ; où l'amour est revêtu d'une robe virginale toute neuve ; où on a placé un épisode bien touchant, celui de *Velléda* ; où la poésie du langage et le charme des descriptions transportent dans un autre monde ; dont le style a fait école et méritait cet honneur ; dont l'armure est étincelante ! Là, *Corinne*, toute seule, sans autre appui qu'une intrigue d'amour, assez vulgaire en apparence, sans autres armes que

---

(1) M. de Noailles, dans son discours de réception à l'Académie française.

son cœur, son génie et une lyre dont les cordes sont déjà bien vieilles! Il n'importe : Corinne, telle qu'on vient de la dépeindre, peut se présenter dans la lice, et qui osera nommer le vainqueur?

Le Génie du Christianisme s'avance, resplendissant de gloire, étonnant d'érudition, d'enchantements, d'inspirations poétiques et religieuses; dominant toute la littérature du siècle, luttant même avec celle des deux siècles précédents! D'un mot, il va séparer les combattants et ceindre lui-même l'écharpe triomphale! Si M. de Châteaubriand a écrit *le Génie du Christianisme*, Mme de Staël *l'a parlé;* dans ses salons, elle a eu, elle aussi, grandeur, poésie, enthousiasme! Dans *l'Allemagne*, enfin, dans ses *Essais de philosophie et de morale*, avec moins de pompe, mais avec la même foi que M. de Châteaubriand, elle aussi a célébré le Très-Haut!

Mais pourquoi ce parallèle, trop emprunté peut-être aux beaux esprits du 17e siècle? A chacun ses œuvres; et celles de Mme de Staël, quoique confiées à de faibles mains, sortiront grandes et belles de cette redoutable épreuve. Il en sera de même de son caractère.

Son caractère a tenu de l'antique. Dans Athènes, elle aurait fréquenté le Portique et les platanes de l'Académie! A Sparte, elle aurait dit à ses fils : *Revenez avec ou sur votre bouclier!* Sous les Denys, à Syracuse, elle aurait peut-être appelé un libérateur! Sa haine, et elle n'a connu ce sentiment qu'une fois, a été celle de l'Emilie de Corneille, poussant avec ardeur au renversement de ce qu'elle croyait être une tyrannie! Mais, à Rome, si elle eût été la mère des Gracques, elle les aurait éloignés de l'abîme où ils sont allés s'engloutir!

De nos jours, son caractère privé a été le modèle d'un enthousiasme d'inspiration pour toutes les nobles actions, pour toutes les idées généreuses, pour toutes les créations du génie; d'un dévouement religieux à l'amitié et aux douces émotions de l'âme! C'est la pitié pour la souffrance qui a préparé les flambeaux de son second hymen!

En politique, elle avait deviné la devise : *Liberté, ordre public,* qui a été longtemps notre programme. En 1792, ce fut sa recommandation la plus pressante; en 1817, ce fut son dernier vœu, sa dernière espérance!

En morale, en philosophie, elle est bien vite rentrée dans la bonne voie : catholiques et protestants peuvent profiter de ses graves enseignements.

En littérature, elle a beaucoup osé, et a souvent réussi. Les critiques (2), loin de la décourager, ont

---

(2) Ces critiques furent presque toujours dues à des ressentiments politiques ; elle en fait la réflexion dans *Dix ans d'exil,* en parlant de son roman de *Delphine.* Elle y affirme que les critiques amères dont ce roman fut l'objet, que l'accusation d'immoralité dont on chercha à la flétrir, « furent l'effet de la surveillance impériale, qui aurait voulu « la punir par là de la publication du dernier écrit de son « père, dans lequel tout l'échafaudage de l'Empire était « tracé d'avance. » C'est à la même cause qu'elle attribue

développé, perfectionné son talent ; et parmi celles de ses œuvres que la lime littéraire a respectées, il en reste assez pour lui tresser plus d'une couronne !

L'Allemagne ! Elle n'a eu d'autres adversaires sérieux que la censure de 1812 ; en vieillissant, elle a grandi ; elle a mérité d'être appelée *un bel ouvrage* où la saine philosophie et une haute raison viennent concourir au triomphe de la révélation.

Corinne.....! Elle est encore au Capitole ! entourée de nombreux admirateurs qui applaudissent à ses brillantes improvisations, qui restent sous le charme de son esprit, de sa beauté, de toutes ses qualités attachantes ! Ses rivales, si elle en a, ne peuvent que partager nos hommages.

Pourquoi nous a-t-elle été enlevée si jeune, à cinquante-un ans, dans tout l'éclat de son talent, dans toute la maturité de ses idées politiques, cette femme à tous égards étonnante ?

Encore quelques années de vie, et elle aurait doté notre littérature d'une épopée où elle devait mettre en scène Richard Cœur de Lion, Saladin, les Templiers, toute la chrétienté du moyen-âge ; décrire Naples, la Sicile, la Syrie, Jérusalem ; nous transporter dans un monde chevaleresque et poétique ; lutter de nouveau avec Walter Scott et Châteaubriand !

Encore quelques années, et, comme Voltaire et Fontenelle, devenue octogénaire sans avoir rien

son premier exil, qui l'a tenue à quarante lieues de Paris pendant plusieurs années.

perdu de sa haute raison, éclairée plus que jamais par une longue expérience, après avoir traversé la Terreur, la République, l'Empire, la Restauration, 1830 et 1848, au spectacle de tant d'événements étranges, au concert discordant de tant de paradoxes monstrueux, elle aurait pu reprendre la plume pour nous dire, en hochant la tête et en soupirant :

« Ah! si jeunesse savait! »

www.ingramcontent.com/pod-product-compliance
Lightning Source LLC
LaVergne TN
LVHW020946090426
835512LV00009B/1731